先延ばし克服
完全メソッド

ピーター・ルドウィグ

斉藤裕一 訳

THE
END
OF
PRO
CRASTI
NATION

HOW TO STOP POSTPONING AND LIVE A FULFILLED LIFE

PROCRASTINATION =
PUTTING THINGS OFF
INTENTIONALLY OR
HABITUALLY

CCCメディアハウス

装丁＆本文デザイン　竹内淳子（慶昌堂印刷株式会社）
校閲　円水社

THE END OF PROCRASTINATION
Konec Prokrastinace © Petr Ludwig, 2013
All Rights Reserved
Japanese translation rights arranged with
New Leaf Literary & Media Inc.
through Japan UNI Agency, Inc.

希望とは、何かがうまくいくという確信ではな
く、結果はどうなっても何かが意味をなすとい
う確実性である。

──バツラフ・ハベル

先延ばしをやめて、充実した人生をおくる方法

先延ばし克服完全メソッド
THE END OF PROCRASTINATION

目次

イラスト版もくじ	10
はじめに	12

はじめに ── 先延ばしとは何か、なぜそれと戦うのか？ 　15

先延ばしの歴史	19
現代は「決断のまひ」の時代	21
情報を得る最も効果的な方法は？	25
自己開発のシステム	31
モチベーション	34
規律	36
成果	38
客観性	40
この章のポイント ── はじめに	42

モチベーション─モチベーションを高め、それを維持するには？ 　45

外からのモチベーション ── アメとムチ	47
内なる目標に基づくモチベーション ── 長続きしない喜び	50
内なる旅に基づくモチベーション ──「今」の幸福	58
なぜ「意義」がそれほど大事なのか	63
集団的ビジョンの力	71
最もメリットが大きいのは、どの種類のモチベーションか？	72

ツール ── 自分のビジョン	75
SWOT自己分析	77
自分の業績リスト	82
モチベーションを生む活動の分析	84
自分のビジョンのベータ版	85
最終版の自分のビジョン	88
この章のポイント ── モチベーション	92

規律 ── 自分自身に命令を下し、それを守るには 95

頭は「はい」と言っているのに、気持ちが「いいえ」と言っているとき	98
感情的な象と合理的な象使い	102
認知リソース ── 自己統制のカギ	103
認知リソースの補充	105
認知リソースを高める	106
習慣化 ── 自分の「象」をどう訓練するか	107
習慣を乱さずに維持するには	111
悪い習慣を断ち、二度と戻らないようにするには	113
ツール ──「習慣リスト」	115
「習慣リスト」の使い方	116
さらに効果を高めるためのアイデア	118
「習慣リスト」が効果を生む理由	122
起こりやすい問題	123
「決断のまひ」	126

ツール ──「To-Do トゥデー」	132
「To-Do トゥデー」の使い方	135
このツールの拡張法	144
「To-Do トゥデー」が効果を生む理由	144
起こりやすい問題	146
ツール ──「To-Do オール」	148
「To-Do オール」システムの使い方	149
新しい仕事にどう対処するか	152
システムを拡張する方法	154
「To-Do オール」システムが効果を生む理由	156
起きやすい問題	157
群集のコンフォート・ゾーン ── 悪が生まれる場所	158
ツール ──「ヒロイズム」	162
「ヒロイズム」を高めるには	164
この章のポイント ── 規律	170

成果 ── 幸福を感じ、それを維持するには

173

ネガティブな感情はどこから生まれるのか	176
学習性無力感のサイクル	181
「ハムスター」と戦うには	186
ツール ──「インナースイッチ」	192
自分の失敗に対処する	194
運命のいたずらによる打撃を乗り越える	197

「ネガティブな過去」から「ポジティブな過去」に移るには	199
ツール ── 「フローシート」	203
ツール ── 「ハムスターからのリスタート」	206
自分の成長と退行	209
この章のポイント ── 成果	212

客観性 ── 自分の欠点に目を向けることを覚える   215

ダニング＝クルーガー効果と「病態失認」	220
甘美な無知 ── 私たちの脳の守り手	222
なぜ非客観性と戦うのか	224
客観性を高めるには	226
この章のポイント ── 客観性	232

最後に ── 永続性へのカギ   235

ツール ── 「自己会議」	237
「自己会議」のやり方	237
起こりやすい問題	238
先延ばしの終わりと新しい始まり	240

原注   245

イラスト版もくじ

効率の低さ
先延ばし
モチベーションの欠如
無意味さ
フラストレーション
混乱とストレス

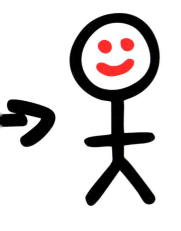

内なるモチベーション
　自己コントロール
　生産性と効率
幸福
　フロー（流れ）
　習慣

はじめに

　私は10年ほど前、これで人生は終わりだと覚悟した。体の半分をつかさどる脳の部位の活動が止まってしまったのだ。不安と無力感にさいなまれたのと同時に、奇妙な安らぎも感じていた。ベッドに横たわったまま、それまでの人生のすべてが走馬灯のように脳裏をよぎり、自分がトンネルの先の光に向かって進んでいるような感覚にとらわれた。それは映画とまったく同じ光景だった。私は自分の人生の総括をしはじめ、失敗と実績について考えた。徐々に、自分はもう死ぬのだという現実と向き合うようになっていた。

　しかし幸いにも、数日後から少しずつ正常な状態へ戻りはじめ、幸運にも後遺症も残らなかった。生死の境を切り抜けたことは生涯で最も強烈な体験だった。しばらくしてから、あの瞬間のことを忘れないように、私はこんなふうにメモに書き込んだ。

　　精一杯に生きたと納得して死にたい。

　この誓いを実行に移そうとしたが、それには大きな強敵に勝たなければならないことを思い知る。「先延ばし」という敵だ。

そこで何人かの友人とともに、私たちはなぜ物事を先延ばしするのか、なぜこれほど優柔不断で無能なのか、その根本的な原因を突き止めようとした。すると、まさに同じ問題をテーマに数々の科学的研究が近年行われていることがわかった。その研究結果をふまえて、先延ばしと戦うための実用的なツールを仲間とまとめ上げた。

そうした方法が実際に役に立つことを確かめたうえで、できる限り多くの人たちに共有してもらうことが世の中のためになると確信した。そして、一般の人々のための訓練コースや大学生向けの講習を始めるに至った。他の人たちが自分の時間と潜在的能力をより良く生かせるよう手助けする活動に、私たちは意義を感じた。

私には世界中を旅してきた経験があり、それが先延ばしと戦うための効果的な方法を編み出すうえで役立った。長年、多数の一流企業を訪問し、社員のモチベーションや仕事の効率を高める方法について、経営幹部と個人的に話し合う機会を得ている。この10年間で10万人以上が私たちの研修コースに参加している。それに加え、個人カウンセリングも数限りなく重ねてきた。クライアントたちの経験とフィードバックをふまえて、少しずつ手法に磨きをかけていき、現在の形にまとまった。

そうしているうちに、出版社から本を書かないかと持ちかけられた。最初に頭に浮かんだのは「なんて大仕事だろうか」という思いだった。それと同時に、自分が教えている手法をさらに試すまたとないチャンスであるようにも思えた。

しかし、先延ばしに関する本を書くのに、それを先延ばししてしまうことにならないだろうか――。

　人と一緒に仕事をすることに慣れている外向的な人間――セミナーやカウンセリングもしている――である私にとって、この本を書くことは生涯で最も大きな挑戦の1つになった。原稿を書くというのは内向的な活動そのもので、私にはまったく不慣れな作業だ。それを先延ばしすることにならないように、先延ばしと戦うためのすべての武器をフルパワーで駆使しなければならなかった。

　あなたが今、この本を手にしているのは、私が仕事を成し遂げたということを意味している。この本を楽しんでもらいたいし、あなたが先延ばしとの戦いに勝てるように、心から祈っている。少しずつ成功を収めていけるはずだ。私はそう確信している。

ピーター・ルドウィグ

はじめに
INTRODUCTION

先延ばしとは何か、
なぜそれと戦うのか?
What is procrastination
and why fight it?

PRO-CRASTINUS
＝（ラテン語）明日に属す

PROCRASTINATION
＝物事を意図的に、あるいは習慣的に先送りすること

　しなければならないこと、あるいはやりたいことなのに、なかなか取りかかろうとしなかったことがある人は、先延ばしの経験者ということになる。意義ある大事な仕事に取りかかることを先延ばししていると、取るに足らないことをする状態になってしまう。

　もし、あなたが典型的な先延ばし型だったら、目覚まし時計のスヌーズボタンを押したり、テレビを見たり、ビデオゲームをしたり、フェイスブックをチェックしたり、（お腹が空いていないときでも）食べたり、必要以上に洗濯したり、オフィスの中を行き来したり、あるいはただ座って壁を見つめたりすることに、時間を費やしているはずだ。その揚げ句、自分の無力さを感じ、罪悪感やフラストレーションにとらわれることになる。また何もやらなかった ── 。身につまされないだろうか。

　しかし、注意が必要だ。先延ばしは純然たる**怠惰**ではない。怠惰な人たちは端的に何もせず、それで平然としている。その点、先延ばしをする人たちは、実際に何かをしようという気持ちはあっても意志が十分に働かない。本当に義

務を果たしたいと思っていても、どうすればいいのかわからないという状態だ。

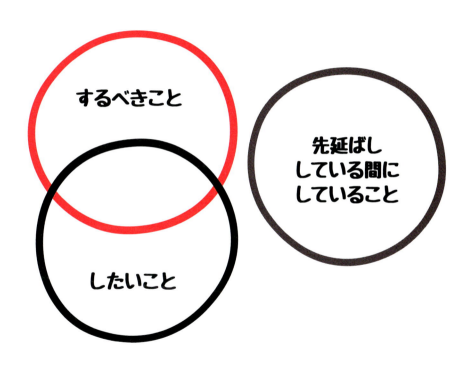

先延ばしを**リラックス**と混同するのも禁物だ。リラックスは活力の回復につながる。しかし、まったく対照的に先延ばしは活力を奪い取る。活力が低下すると、いっそう先延ばしがひどくなり、何もしなかったという結果になる。

　私たちは、ぎりぎりになるまでやろうとせず、プレッシャーがあったほうがうまくいくと正当化する。しかし、実際にはその逆だ[*1]。最後の最後まで先延ばしすることは、ストレスや罪悪感、効率の低下につながる。「今日できることを明日に延ばすな」という古い格言は、まさに核心を突いている。

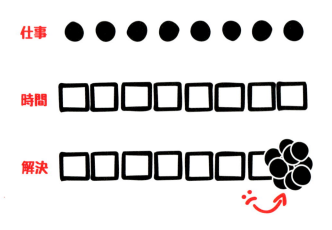

先延ばしの歴史

　人間は古来、先延ばしにつきまとわれてきた。古代ギリシャの詩人、ヘシオドスが「仕事と日々」でこの問題に触れている。[*2]

　明日に延ばしてはならない
　あるいは明後日に
　穀物小屋をいっぱいにするのは
　先延ばしをして
　漫然と時間を無駄にする者たちではない
　仕事は念を入れてこそうまくいく
　先延ばしをする者は身を滅ぼすかもしれない

　先延ばしをして漫然と時間を無駄にする者── 現代の私たちにもあてはまる表現だ。ローマ帝国の哲学者、セネカもこう言っている。
「我々がためらい、先延ばしをして時間を無駄にしている間に人生は過ぎてしまう」
　この一節は、先延ばしを克服するすべを身につけることがなぜ大事なのか、その最大の理由を物語っている。先延ばしは、充実した人生を邪魔する最大の障害の１つなのだ。最近の研究は、自分がしたことよりもしなかったことを人

間は後悔することを示している。※3 チャンスを生かそうとしなかったことに対する後悔や後ろめたさのほうが、記憶にずっと長く残りやすいのだ。

　先延ばしをしている間、有意義なことに使える時間を無駄にしている。この大きな敵に打ち勝てれば、もっと成果が上がり、人生がもたらすチャンスを生かせるようになる。

現代は「決断のまひ」の時代

　現代は、先延ばしにうってつけの状況を生み出している。したがって、先延ばしを克服するすべを身につけることは、現代の世界で習得できる最も重要なスキルの1つだ。

　この100年の間に人間の平均寿命は2倍以上に延びた[*4]。乳児死亡率は1世紀前の10分の1に下がっている[*5]。私たちは毎朝、歴史上のどの時代よりも暴力や武力紛争の少ない世界で目覚めており[*6]、インターネットで検索するだけでほぼあらゆる人間の知にアクセスできる。旅行もほぼ無制限で、世界中のどこにでも行ける。外国語を習得すれば他国の人々とコミュニケーションが取れる。携帯電話は、20年前の最高性能のコンピューターよりも強力だ[*7]。

　今日の世界はチャンスにあふれている。機会がハサミの両刃の間に挟まっている状態を想像してみてほしい。あなたが生かせるチャンスが増えるほど、そのハサミ——つまり「潜在的可能性のハサミ」——の両刃は大きく開いていく。その開き具合は今日、これまでの歴史で最も大きくなっている。

　現代社会は個人の自由こそが正義で、自由になるほど幸福が高まると思われている。「潜在的可能性のハサミ」の開き具合が増すほど幸福度が高まっていくはずであるにもかかわらず、現代人はなぜ昔の人よりも幸福になっていないのか[*8]。「潜在的可能性のハサミ」が開き続けていることが、なぜ問題を引き起こしているのか。

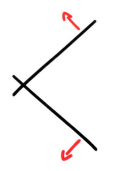

1. 今や得られる選択肢は膨大で、「潜在的可能性のハサミ」はますます開く一方にある。

　機会が増えて選択肢も広がったことで、想定外の問題が生じている。選択肢が増えるほど決断が難しくなり、「決断のまひ」が始まる。得られる選択肢を1つひとつ検討することにエネルギーを奪い取られ、決断不能の状態に行き着いてしまいかねないのだ。この状態に陥ると決断を先延ばしすることになり、行動が先送りされる結果になる。

　選択肢が多くなって複雑になるほど、決定を先延ばししようとする傾向が強まる。しかも、たくさんの選択肢があると、その1つを選び取ったとしても自分の決断を後悔しやすくなる。逆の選択肢を選んでいたらどうなっていただろうか、と思いめぐらすようになり、自分でした選択だけにその欠点も目につきやすい。

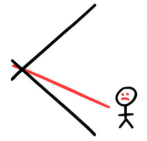

2. あまりに選択肢が多いと「決断のまひ」に陥る。それが先延ばしとフラストレーションを引き起こし、自分の潜在的な可能性を完全に実現できなくなる。

　しなければならないことをやっていないということはよくあるだろうか。何かをすることや決断を先延ばししたことが最近あっただろうか。選択肢のなかから1つを選べなかったという経験はないだろうか。そのとき、どんな気持ちになっただろうか。

「決断のまひ」が高じると、先延ばしが悪化していく。物事を先送りすることによって、生産性はベストの状態の数分の1の水準にまで落ち込んでしまいかねない。自分の潜在的能力をフルに発揮していないという思いが罪悪感やフラストレーションにつながる。[*13]

　この本は、日々の生活であなたの潜在的能力をフルに生かせるようにするためのシンプルな方法をまとめたものだ。ほんの数分で実践できる方法によって、最終的には生産的な時間が何時間も増えたのと同じ状態になる。

23

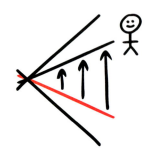

3. シンプルな方法によって、あなたの能率を高められる。潜在的能力をフルに発揮することが幸福につながる。

　私たちが編み出した方法によって、人類が進化する過程で脳に生じた弱点、つまり効率を阻害する生得的・後天的な原因を克服できる。先延ばしとの戦いの副次的効果の１つとして、脳内の「報酬中枢」が活発化し、ポジティブな感情が生まれやすくなる。[*14]

　充実した１日を過ごした後は、どんな気分だっただろうか。直近、それはいつだっただろうか。日々の生活で自分の潜在的能力をフルに発揮することが、長期的な幸福への最も効果的な道筋になる。その理由は、この本を読めば理解できる。

情報を得る最も効果的な方法は？

　この本は、私たちが先延ばしをする理由を明らかにするだけでなく、先延ばしという大敵を倒すための方法も紹介する。10年前と比べて、先延ばしに関する科学的研究は10倍に増えている。[*15] 今日の世界では、価値ある事実が質の悪い情報の波に洗い流されてしまいがちだ。この情報化時代にどう動くべきかを知っておくことがますます重要になっている。かつてウィル・ロジャースがこう言っている。

「私たちの問題は、知っていることが少なすぎるということではなく、知っていることの多くが間違っているということだ」

　現在、自己啓発セミナーや本、記事がごまんと出回っている。それほど前のことではないが、小さな本屋で数えただけで自己啓発に関する本は300タイトルもあった。オンラインでは何千もの書籍が手に入る。この情報の多さは数々の危険をはらんでいる。

　第1の問題は、**得られる情報が極めて無秩序な状態**で質も悪いことだ。アドバイスの内容が逆だったりもする。たとえば、仕事を終えるたびに自分にごほうびを与える方法を勧める本がある一方で、どんな状況でも自分にごほうびは与えるべきでないと説く本もある。科学的裏付けのない理論や一個人の経験だけに基づく手引書もあり、誰にとっても役立つとは言えない。事実に基づかない「神話」や真偽のはっきりしない内容を他の本からの受け売りで紹介してい

る本も多い。あなたもこんな話を聞いたことがあるに違いない。

「人々の目標と達成の関係を大学の研究チームが調べた。まず調査対象者に、日々の生活や将来の目標について具体的に書けるかどうか、そして収入に関する情報を教えてもらっても差し支えないかと質問した。目標を紙に書けた人は全体の３％に過ぎなかった。その数年後、研究チームは同じ対象者に再び調査を行った。すると、最初に目標を書けた３％の人たちは残り97％の人たちの合計を上回る収入を得ていた。この話の唯一の問題点は、誰もそんな調査はしていないということだ」[16]

　これは誰かの想像力の産物、つまり都市伝説だ。自己啓発書には、この手の神話があふれかえっている。また、情報量そのものも問題を引き起こし、**「決断のまひ」を悪化**させている。情報源が増えるほど、１つだけ選んで信用することが難しくなる。人生に関わる大事な決断の際にはどの情報に頼るべきか。本当に信用できるかどうかを、どう判断するのか。

　世界の一流大学で近年、モチベーションや意思決定、効率に関する研究が盛んに行われているが、そうした研究の知見はしばしば情報の渦の中に埋もれてしまう。そして、そこから第３の問題、**科学的にわかっていることと、人々がしていることの間にギャップがある**という問題が起きている。

得られる情報

1. 混沌とした状態で、「神話」や真偽のはっきりしない情報があふれている。

2. 「決断のまひ」が生じる。何を信じ、どの情報に基づいて決断を下せばいいのかがわからない。

3. 科学的にわかっていることと、人々がしていることの間にギャップがある。

本書の目的は、その情報ギャップを橋渡しすることだ。時間を節約できるように最新の研究成果を手短にまとめ、関連する主要な知見を点と点でつないだ。そして、その情報をすべてふまえて一連の「イラストモデル」をまとめ上げた。すぐに内容を把握できるようにしたシンプルな図式だ。哲学者のアルトゥル・ショーペンハウエルがこう言っている。

「重要な概念を誰もが理解できるように表現することほど難しいことはない」

　私たちは、わかりやすくするためにイラストモデルを使うことにした。画像や視覚情報を処理する脳の部位は「視覚野」と呼ばれる。視覚野は人間の脳の中で最も発達した部位の１つであるため、[17]１つの図式が数ページの文章よりも多くを伝えうる。また、複雑な関係やつながりを表すうえでも有効だ。読んだ内容を忘れてしまったときにも、図式を一目見れば記憶がよみがえる。イラストモデルは文章よりも情報をはるかに効率的に伝えることができる。このように情報を扱うことを「ノウハウ・デザイン」と名付け、重要な情報を伝えやすくした。

　また、必要に応じて用語を再定義し、言葉の意味をわかりやすくした。「怠惰」や「後回し」ではなく「先延ばし」という言葉を使ったのも、状況をより正確に表現できるからだ。自分の問題を正しい言葉でとらえることで、その解決策も見つけやすくなる。

ノウハウ・デザイン

1. 今日の情報過多の時代においては、得られうる最良の情報を見つけ出す必要がある。

2. 私たちは科学的知見の点と点を結び合わせた。

3. そして、理解しやすいシンプルなイラストモデルをまとめ上げた。

重要な考え方を表す名言なども採り入れた。要点を端的かつエレガントに示す言葉の数々だ。それでは早速、本題に入ろう。モチベーション、効率、幸福感は、どのように生まれるのか。どうすれば先延ばしを克服できるのか。どうすれば、数字に表れるような形で人生を長期的に高めることができるのか。

自己開発のシステム

この本は、「はじめに」と「最後に」の他に4つのセクションに分かれている。

最初のセクションでは**モチベーション**がどのように働くのかを説明し、「自分のビジョン」をまとめるのに役立つツールを紹介する。それによって、あなたは自分自身の中に長期的なモチベーションを維持できるようになる。

第2のセクションは**規律**がテーマだ。大事なことを日々積み重ね、一定の習慣を守るという規律によって、自分のビジョンに沿った生活ができるようになる。先延ばしと戦う方法、仕事と時間を管理する方法、ネガティブな習慣を断ち、ポジティブな習慣を身につけるための方法を紹介する。

第3のセクションでは、自分の行動の**成果**に焦点を当て、幸福感を維持するための方法について説明する。情緒的な安定を高めることに役立つ実用的なツールを紹介する。それによって、外からのネガティブな力に対する抵抗力が高まる。

最後のセクションのテーマは**客観性**だ。これは、あなたを取り囲む状況と自分自身に関する誤った認識に気づく能力だ。自分の問題を見極めなければ解決は望めない。

自己開発

1. モチベーション
2. 規律
3. 成果
4. 客観性

モチベーション

　残念ながら、私たちの誰もがやがて死んでいく。この地球の上で過ごせる時間は限られている。その意味で、人生で最も大事な財産はお金ではなく**時間**だ。お金は借りたり貯めたり、もっと稼いだりできるが、時間はそうはいかない。無駄にした1秒は永久に取り戻せない。スタンフォード大学の卒業式でのスピーチで、スティーブ・ジョブズが一度限りの人生というものを端的に言い表した。

「自分はすぐに死ぬのだと思い起こすことが、人生の大きな選択をするときに最大の武器になるのです。なぜなら、死を前にすると、ほとんどすべてのこと——外からのあらゆる期待、あらゆるプライド、恥や失敗に対するあらゆる不安——が意識からはがれ落ち、本当に大事なことだけが残るからです。何か失うものがあるかのように思ってしまうという罠に陥ることを避けるには、自分は死ぬのだと思い起こすことが私の知る限り最善の方法です」

　人生の時間は限られていると意識するだけで、時間をもっと注意深く管理で

きるようになる。この地球上で自分はどのように時間を過ごしたいのか、と考えるようになるからだ。そして、**自分のビジョン**を追い求めるようになる。

自分のビジョンが定まると、それが最も効果的なモチベーションになり、強力な磁石のようにあなたを前に引っ張っていく。今の自分にとって本当に意義があると思えることを実現する力になると同時に、自分が理想とする未来に向かって引っ張っていってくれる。

規律

　毎日の規律には２つの側面がある。生産性と効率だ。１日は24時間しかない。睡眠時間を差し引いた分が生産的になりうる時間だ。

　生産性は、起きている時間のなかで有意義なこと、つまり自分のビジョンの実現につながる行動をしている時間の割合を示す。生産性は規則正しい休憩や時間の管理、ポジティブな習慣によって大きく高まりうる。

　効率は、重要な活動に時間を使っているかどうかを示す。自分の人生における前進を最大限に速めることにつながるのが重要な活動だ。プライオリティー（優先順位）を決められるか、仕事を分割できるか、責任を委譲できるかどうかが効率の向上を大きく左右する。

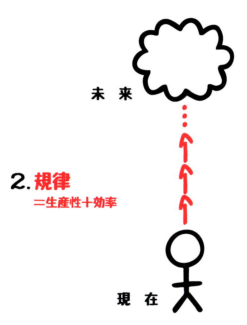

自分のビジョンを道としてイメージしてほしい。生産性は、その道を進むために1日にどれだけの時間を使っているかを示す。効率は、歩幅が最大限になっているかどうかを示す。つまり**規律**は、**自分のビジョンの実現**につながる**特定の行動の総合的な能力**である。

成果

　古い格言にいわく、「行動なきビジョンは白昼夢。ビジョンなき行動は悪夢」。これは人々が生活において抱えている2つの大きな問題を突いている。やりたいと思っていることがあるのに行動しない人が多い一方で、行動はしていても目的意識がないという人もいる。ビジョンと行動を兼ね備えた状態が理想的だ。この2つがうまくかみ合えば、感情面での成果と実体面での成果の両方が生まれる。

　感情面での成果は、快感を引き起こす脳内の神経伝達物質「ドーパミン」の分泌に関係する。[18]

　実体面での成果は、あなたの行動の具体的な結果、つまり努力の果実だ。

客観性

　私たちの自己開発システムの最後の重要部分は、客観性を高めることだ。ノルウェーのウトヤ島で69人の射殺事件を起こしたアンネシュ・ブレイビクは、とても強いモチベーションと規律をもっていたはずだ。その行動は感情面と実体面での成果にもつながった。しかし、この極端なケースは、客観性による統制が失われた場合に生じうる事態のすさまじさを物語っている。

　自分の客観性を高める能力は、直観がうまく働かない場合に大きく物を言う。認知の偏りを減らすことで現実世界での物事の動き方がはっきり見えるようになる。客観性を高めるには、自分の振る舞い方や考え方、行動にフィードバックを得る必要がある。人間の脳はしばしば、現実と異なることを信じる傾向がある。したがって、自分の考えに客観性の欠けている部分はないか、常に確かめる必要がある。20世紀の最も重要な数学者と哲学者の１人で、ノーベル文学賞を受賞したバートランド・ラッセルが、こう言っている。

「この世界の問題は、愚かな人や狂信的な人が常に自分自身を信じる一方で、賢い人間が猜疑心に満ちあふれてしまっていることだ」

この章のポイント ── はじめに

先延ばしは単なる怠惰ではない。自分がすべきことやしたいと思うことについて、自分自身を説得して行動させる能力が欠けているということである。

歴史を振り返れば、人間は太古の昔から、すべきことを先延ばししていたことがわかる。

今日の世界は、先延ばしをますます助長する状況にある。したがって、先延ばしと戦う方法を身につける必要がある。

あなたが得られる機会はかつてないほど膨らみ、「**潜在的可能性のハサミ**」の刃も最大限に開いている。

選択肢の増加は必ずしも幸福の向上を意味しない。むしろ、「**決断のまひ**」を引き起こして逆の結果になることも少なくない。

まひ状態になると、ためらうばかりで先延ばしがさらにひどくなる。時間を浪費することになり、気持ちもすぐれなくなる。

まひと先延ばしの克服に役立つシンプルなツールがある。

自分の潜在的能力をフルに発揮できると、脳の「報酬中枢」が活性化しやすくなって**ドーパミン**を分泌し、前向きな気持ちをもてるようになる。

長期的な幸福は、毎日を最大限に意義ある形で過ごせるようになることで得られる。

自分の**モチベーション**、**規律**、**成果**、**客観性**を高めることによって、先延ばしは克服できる。

モチベーションについて詳しく見ていく前に、4つの側面について1〜10の評点で自己評価をしてみてほしい（「1」を最低、「10」を最高とする）。

　あなたの全体的なモチベーションはどうだろうか。あなたの規律、つまり生産性と効率については？　成果、つまり幸福感と仕事の結果は、どうだろうか。あなたはどれだけ客観的になれているだろうか。

　この本では、各章で同様の自己評価をしていく。それを後から振り返ることで、自分の進歩を確かめることができる。

モチベーション
MOTIVATION

モチベーションを高め、
それを維持するには?

How to get motivated
and stay that way?

私はデンマークにいた時期、ノボノルディスク社で仕事をする機会に恵まれた。従業員数３万人超の同社は、インスリンの生産で50％を超える世界シェアを誇る。[19]

　その会社の人たちに会ってみると、すぐにモチベーションと幸福感の高さが感じ取れた ── 受付係から清掃員の女性、新薬開発に取り組む人たちに至るまで。製薬会社だけに、社員の飲み物に何か「特別なもの」を入れているのではないかと思ったほどだ。その後、経営幹部たちに、なぜこんなに社員は幸せそうでモチベーションが高いのかと聞いてみた。私が受けた説明は驚くほど単純だった。そのモチベーションの秘訣とは ── 。

　現実の世界には、**いくつかの種類のモチベーション**がある。害のほうが多いモチベーションもある。したがって、自分を最も高めてくれる正しい種類のモチベーションを見極める必要がある。正しいモチベーションによって先延ばしが減る。それが日々のあなたを突き動かし、長期的な幸福へとつながる道に導いてくれるのだ。

外からのモチベーション ── アメとムチ

　少し前の話で、新しいクライアントと会ったときのことだ。少し時間が経ってから、その男性は最近の自分の気持ちについて話しはじめ、自分の人生は無意味だと私に打ち明けた。死のうと思ったことさえ何度かあるという。そこで私は、人から期待されていることではなく、自分で本当にやりたいと思っていることにどのくらい時間を使っているか、と聞いてみた。こうして話しているうちに、この男性はほぼ「外からのモチベーション」だけで動いていることが浮かび上がってきた。

　自分にとって意味のないことをしなければならないとき、どんな気持ちがするだろうか。やりたくないのに、義務でしなければならないことに時間を使うときの気持ちは？

　最近の研究から、無意味な活動は強い不快感を引き起こし、マイナスの動機づけになることが示されている。[20] 学校で詩を暗記させられるとか、目的が見えない宿題をさせられるなど、この種の作業は嫌気しか生み出さないことになりかねない。先延ばししたくなるのも当然だ。

　外からのモチベーション ── **褒美と罰**、アメとムチ ── は、人々にこの種のことをやらせるのに使われてきた。この外からの刺激は、自分では思いもよらない行動を人にさせる。

　外からのモチベーションには、いくつか大きな欠点がある。自分がしたくな

いことをすると、幸福感に悪影響が及び、脳内でドーパミンの分泌が減る。ドーパミンは、幸福感だけでなく創造力や記憶、学習能力にも影響を及ぼす。[*21] もう1つの欠点として、外からのモチベーションが引き起こす幸福感の低下は周囲にも広がる。不満を募らせている人は周りの人に悪影響を及ぼすのだ。[*22]

　封建時代の農奴は外からの動機づけで働かされていた。古代ローマのガレー船を漕いだ奴隷や、産業革命初期に工場で働いた人々もそうだった。これらの仕事に創造性はほぼ不要だったが、現代の仕事は創造性を必要とするものがほとんどだ。問題について深く考えて新しい方法で対応したり、これまでとは違う解決策を見つけ出さなければならないのだ。

　思考や創造力をさほど必要としない仕事でも、外からのモチベーションは成果の低下を引き起こすことが数々の研究で確認されている。[*23] モチベーションがアメでもムチでも、それは変わらない。[*24] 期待していた報酬が得られない場合も、罰せられるのと同様の心理的影響をもたらす。

　ムチによって動かされると、その仕事が嫌いになることが少なくない。[*25] 借り入れた住宅購入資金の返済があるので嫌でも会社を辞められないとか、上司が理由を説明せずに仕事を割り振ってくるというのもムチの一形態だ。外からの刺激に対して反感を覚えるのは自然な反応であり、先延ばしの悪化にもつながりうる。

外からのモチベーション

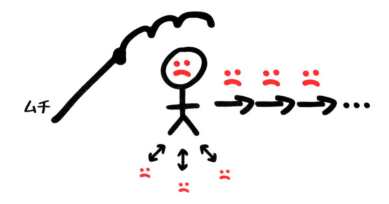

外からのモチベーションは**不幸感**を引き起こす。
脳内でドーパミンの分泌が減り、創造力や学習能力が低下する。
それがもたらす**ネガティブな感情**は周りの人たちにも広がる。

外からのモチベーションに慣れてしまうと、主体的に働くことができなくなってしまう。学校の評価点が外からのモチベーションの好例で、卒業すると勉強するのをやめてしまうことが少なくない。ムチが消えると自分を動機づけられなくなるのだ。外からのモチベーションは主体性を封じ込め、ムチがないと何もできないような状態にしてしまう。

冒頭の私のクライアントは、ほぼ生涯を通じて外からのモチベーションに支配されていた。不幸感にさいなまれて新しいことを学べなくなり、文字どおり創造性を殺された状態で人生をあきらめていたのだ。

この章の最初の朗報は、ムチの下から抜け出せる方法があるということだ。外からのモチベーションの罠から脱することができるのだ。ただ、用心する必要がある。モチベーションに関するおびただしい数の本やコーチが、もう1つの罠にあなたを突き落とす危険がある。それは「内なる目標に基づくモチベーション」という罠だ。

内なる目標に基づくモチベーション —— 長続きしない喜び

「ピーター、自分を幸福にするものについて考えてみよう。できるだけ具体的に、それを思い浮かべるんだ。車が見えるか。それは何色だろう。車種は？

エンジンの種類は？　ショールームに行って運転席に座り、ハンドルを握ってみて……。自分が願っていることを全部、紙に書き出してみよう。できれば、それを絵にしてみる。そして、その１つひとつに達成の期限を決め、見える所に貼っておくんだ。それがきみの目標、つまりモチベーションになるんだ」

　私の最初のコーチは、こんなやり方をしていた。夢と目標を動機づけにしていたのだ。私は、この種の動機づけによって壊されかけた人を何人も見てきた。研究で示されているように、内なる目標に基づくモチベーションは生産性の改善につながりうるが、長期的な幸福感の向上にはつながらない。逆に思わぬフラストレーションや、コカイン中毒とも変わらないような奇妙な形態の依存につながってしまう。内なる目標に基づくモチベーションはなぜ危険で、その背後には何があるのか。

内なる目標に基づくモチベーション

1. 脳の前頭前皮質が将来の幸福を視覚化し、目標が定まる

目標の設定には脳の前頭前皮質が関わる。睡眠中の夢にも関わる部位で、まだ存在していないものを視覚化する能力をもたらす。この前頭前皮質のおかげで、人間は他の動物と違って自分の未来について考えることができる。[*29]

　前頭前皮質は目標を視覚化するのと同様に、その目標を達成した後の幸福も視覚化する。目標が強力なモチベーションになることを思い起こしてほしい。外からのモチベーションでなく目標に動機づけられている人は、本当にやりたいという気持ちで真剣に取り組む。

　たとえば、まだ欲しい車を買える状態になっていないということで、満ち足りない思いを抱える。つまり、現状に幸福感をもてない。そのせいで目標を達成するまでの間、ドーパミンの分泌がもたらす恩恵を受けられなくなってしまう。その恩恵とは、脳の働きの向上や創造力の高まり、新しいことを効果的に

2.目標までの道のりでは、まだ目標を達成していないので幸福感がない

学習する能力などだ。

目標は人を駆り立てて一生懸命に頑張らせ、やがて実際に目標を達成することになる。そうなって初めてドーパミンが分泌され、強烈な感情が生まれる。「喜びの感情」という幸福感だ。問題はその後に起こること、つまり「快楽適応」という現象にある。[*30][*31]

学校の難しいテストで合格点を取ったり、会社で大変な仕事を成し遂げたりしたときのことを思い出してほしい。あるいは、本当に欲しかったものを手に入れたときのことを。その時の気持ちはどんなだっただろうか。それから2日経っても、その強い感情は変わらないままだっただろうか。

快楽適応によって、私たちは図らずも目標達成後の状態に慣れてしまう。目標達成から数分後、あるいは数時間後、長くても数日後には喜びの気持ちが薄れ始める。新車を買ったことのある人なら、その1週間後に新鮮さが薄れ始めていることに気づいて驚いた経験に思い当たるはずだ。新しいものを買っても、何日か経つと気持ちは一気に薄れるものなのだ。

ノーベル賞を受賞したり、オリンピックで金メダルを取ったりといったこの上ない経験でも、何週間か経つと幸福感にはほとんど影響しなくなる。[*32]そのうちに新聞に出ることもなくなり、徐々に忘れ去られていく。そして、それが当たり前の状態になる。

3. 目標を達成すると、一時的にポジティブな喜びの感情が生まれる。しかし、快楽適応によって目標を達成した状態にたちまち慣れてしまい、ポジティブな感情はすぐに消える

　宝くじに当たった後の幸福感に関する研究がある[*33]。研究チームは同時に、身体にまひを抱える状態になった直後の人たちの気持ちについても調べた。結果は、1年後の幸福感はどちらのグループもほぼ同じだった。予期しなかったことにも慣れは生じうるのだ。

　人を羨む気持ちがとても強い人たちもいる。快楽適応という観点からすると、羨望はあまり合理的ではない。人を羨む気持ちが目標の達成につながっても、快楽適応によって幸福感は高まらないからだ。

　金銭が幸福感に及ぼす影響に関する多数の研究から、1つの明白な結論が示されている。金銭が幸福感に影響するのは、自分と家族の基本的なニーズを満たすという範囲まででしかない[*34]。その範囲を越えると、お金が増えても幸福感にはほとんど影響しない。

お金が幸福感に及ぼす影響のグラフ

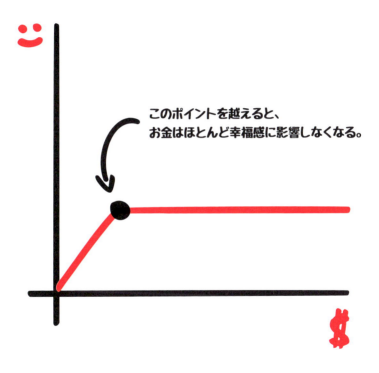

脳の前頭前皮質は、目標を達成した後の幸福を視覚化するという素晴らしい働きをするが、快楽適応を見通すことはできない。

では、目標に動機づけられていた人は、快楽適応にどう対処するのか。答えは単純だ。目標達成後のポジティブな感情が薄れたら、**もっと大きな目標**を設定するのだ。「アウディではだめだったが、ポルシェなら幸せになれるだろう」というように。しかし、また快楽適応が起こり、もっと大きな目標を設定するということの繰り返しになっていく。

目標達成によって生まれる「喜びの感情」は、コカインの摂取で刺激を受けるのと同じ脳の部位に影響を及ぼす。[35] したがって、喜びは「覚醒依存」と呼ばれる状態につながりうる。[36] ポルノやビデオゲーム、アドレナリン分泌につながるスポーツへの依存も同じだ。

ポルノ依存症になると、同じレベルの興奮を得るのにますます刺激の強いものが必要になっていく。それと同じで、目標に動機づけられている人は常に目線を上へ上へと移していかなければならない。私たちが「目標中毒」と呼ぶ状態だ。ずっと夢見ていた地位とともに大きな家や高級な車を手に入れても、幸福感を味わえるのは短い間だけだ。そのせいで落ち込んでしまうことも往々にして起きる。つまり、すべてを手に入れても長期的な幸福感が欠けている状態だ。

この章の最初に、外からのモチベーションのムチから逃れる方法について説明した。「内なる目標に基づくモチベーション」についても、それに代わるも

のがある。それは「内なる旅に基づくモチベーション」で、内なるモチベーションの力から生まれるメリットを得られると同時に、快楽適応を避けることもできる。つまり、幸福感が永続するということだ。

4.もっと大きな目標を設定するということの繰り返しになり、「目標中毒」になってしまうかもしれない

内なる旅に基づくモチベーション
――「今」の幸福

　さて、冒頭に挙げたノボノルディスク社の秘密は何だったのか。私は経営幹部とのミーティングから、社員のモチベーションと幸福感を維持するカギは、会社として強力なビジョンと価値観をもっていることだと気づいた。この会社の人たちは、糖尿病を抱える人々の生活をより良くするという目的をもって仕事をしている[37]。

　そのビジョンは、決して言葉だけのものではない。たとえば、戦時中にはどちら側にも無償でインスリンを提供したという。痛みを伴わないインスリン注射器「ノボペン」の開発も、それを物語る。職種を問わずほぼすべての社員が、糖尿病を抱える人々の生活をより良くするというビジョンと結ばれている。自分がしていること、特に自分がやりたいと思ってしていることに意義を見いだせるとき、最も強力な形態のモチベーションが生まれる。それが「**内なる旅に基づくモチベーション**」だ。

　このモチベーションは、**自分のビジョン**をもつことから生まれる。目標を追うことが快楽適応に影響されてしまうのに対し、ビジョンは永続的なものを表す。自分のビジョンは、人生で最も時間を捧げたいのは何かという問いの答えになるものだ。その焦点は結果でなく行動、目的地ではなく旅にある。古い格言にあるように「旅こそが目的地」なのだ。

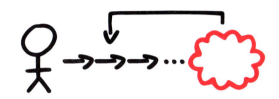

1. 自分のビジョンをもつことで、目的地でなく旅に焦点が置かれる。それによって、自分が生涯を通じて続けたい活動の種類が定まることになる

　自分のビジョンの実現に向かって進んでいくうえで、その道のりを示すマイルストーン（里程標）を使うことができる。自分が正しい方向に進んでいるのかどうか、フィードバックを与えてくれる目印だ。たとえば私にとって、この本を書き上げることはゴールではなくマイルストーンだ。これは自分のビジョンと重なる仕事の1つであり、他の人たちが自分の時間と能力をより良く使うことを手助けできる。

2.目的地までの途中にマイルストーンを置くことができる。自分が正しい方向に進んでいるか、フィードバックが得られる

「内なる旅に基づくモチベーション」の最大のメリットは、「今」の幸福感につながることだ。幸福感を得るのに目的地までたどり着く必要はない。外からのモチベーションというムチがもたらすネガティブな感情を味わわされる必要もない。

　自分のビジョンを基準にすることで、「今」の幸福感——自分の現状に対する満足感——が得られやすくなる。自分のビジョンと重なることをすると、すべてがあるべき状態にあるという感覚が生まれる。しかし、それはその場所にとどまることを意味しない。自分のビジョンと、それによるモチベーションがあなたを前に進ませるからだ。

　自分のビジョンの実現につながる行動は、自分自身が望む行動であるということになる。したがって幸福感が高まり、脳の働きも記憶力も良くなって学習

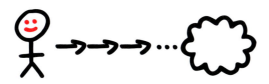

3.ビジョンは永続的なものを表すので、快楽適応は起こらない。
追いかける目標がないことが幸福感の向上をもたらす

能力が向上する。そうなると、自分のビジョンの実現につながる仕事に必要なスキルが大幅に高まる。向上が向上を呼ぶこの好循環は、あなたの熟達を助ける。ビジョンに動機づけられている人たちが、ムチや目標では達成できないことを成し遂げられるのは、これが理由だ。

　一流のアスリートや科学者、芸術家、実業家に関する研究は、彼らに共通する要素があることを示している。[*38] それは、行動が「フロー（流れ）の状態」になっていることだ。このフローは何かに挑戦しているときに生まれ、自分の強みとスキルが発揮されるようになる。[*39] 自分がしていることに完全に没頭し、時間が止まったような感覚になる。目標を達成した後のつかの間の**喜びの感情**とは違い、**フロー状態**に達するとドーパミンの分泌が長く続くようになる。

喜びの感情とは対照的に、フロー状態になるとドーパミンの分泌も幸福感も長続きする。

4. **フロー**は、試練の中で力を振り絞っているときに生まれる。ドーパミンが長期的に分泌され、創造力と学習能力、そして幸福感が高まる。自分のビジョンに向かって1歩進むごとに、熟達へと近づいていく

フローと快楽適応に関する研究は、物質的な目標や状態から長期的な幸福感は得られないことを示している。長期的な幸福感は、自分にとって意義のあることをしながらビジョンの実現に向かって進む旅の中でこそ得られる。

　このアプローチは、昔から言われている「幸せは結果についてくる」という考え方の真逆だ。実際には、まず初めに幸福を見つける必要がある。その幸福感のおかげで結果が得られるのだ。1952年にノーベル平和賞を受賞したアルベルト・シュバイツァーがこう言っている。

「成功は幸福のカギではない。幸福が成功のカギなのだ。自分がしていることを愛せれば、成功できる」

なぜ「意義」がそれほど大事なのか

　ある日の夜、私は街中で路上駐車して外に出た。するとその瞬間、バンが突っ込んできて、私の体をかすめるようにして隣の車にぶつかった。バンのドライバーは当て逃げで走り去っていった。私は、しばらく呆然としたままだった。

　我に返ると私は車に乗ってバンを追いかけ、3ブロック先で追いついた。私は車から降りて、相手のナンバープレートと車体の損傷部分を携帯電話で撮影した。そしてぶつけられた車のところへ戻り、事情の説明と自分の連絡先を書いたメモをワイパーの下に挟んだ。

　数日後、その車の持ち主が私を訪ねてきた。ブレザー姿の立派な紳士で、保険会社とすべて話がつき、車の修理も終わったと話した。近くの病院の外科部

5. 無私の行為は「意義の感情」によって報われる

長だった。朝から晩まで1日中、人を助けることに専心している人なのに、私のちょっとした親切を当たり前に思わず、わざわざお礼を言いにきてくれたのだ。その瞬間、私は最も強い感情の1つを経験した。目的意識を感じることから生まれるその感情を、私は「意義の感情」と呼ぶことにした。

　私たちが人生においてする活動は、2種類に大別できる。1つは、もっぱら自分のためだけにすること。たとえば、生きていくための基本的ニーズを満たすための行動だ。私たちは、これを「自己1.0」の活動と呼んでいる。もう1つは、無私の活動だ。自分ではなく他者のために真剣にする活動で、私たちは「自己2.0」の活動と呼んでいる。これが強い感情、すなわち「**意義の感情**」をもたらし、「**喜びの感情**」と「**フロー状態**」とは別の第3のタイプの幸福感につながる。

　自分のビジョンに「無私」の要素と「自己2.0」の活動を組み入れるべきなのは、なぜなのか。「より高い」目的に関わることをすると、強いポジティブな感情がわくのは、なぜなのか。私たちの脳はなぜ、この種の行為を支えるよ

1. 人は自分の潜在的可能性をフルに実現しようとする

うに発達したのか。

　この点をはっきりさせるために、何かの**個体**を思い浮かべてほしい。1つの原子や分子、細胞、あるいはアリ、ゾウ、人でもいい。その個体が、自分の**潜在的可能性**をフルに実現しようとしていると考えてみてほしい。原子は他の原子と結合しようとし、白血球は有害な細菌を殺そうとする。人は自分のビジョンを実現しようとする。

　お互いの周りにたくさんの個人がいれば、遅かれ早かれ「自己組織化」が起こる。個人が自発的に集まり始め、自分たちの潜在的可能性の実現の力になる**コミュニティ**を生み出す。自己組織化は協力の空間を生み出す。「グループ・シナジー（集団の相乗効果）」として知られているもので、全体が部分の総和よりも大きくなる（「1 ＋ 1 ＝ 3」のように）。

　しかし、自己組織化は個人のレベルだけでなく集団のレベルでも起こる。集団も遅かれ早かれ結合し、より良く機能するコミュニティを形成する。そして、

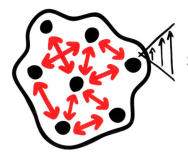

2. 自己組織化のおかげで、個人からコミュニティが生み出される。そこから生まれるグループ・シナジーによって、個々人が潜在的可能性をより効果的に実現できるようになる

それが繰り返されていく。自己組織化はミクロからマクロまで、すべてのレベルで起きるのだ。原子が結合して分子、分子から細胞、細胞から生命体、生命体から集団がつくられていくように。

地球上の生命の進化において、自己組織化は多くの転換点を生み出してきた。たとえば、単細胞生物は進化の歴史のある時点で、その生き方に大きな転換点を迎えた。個々の生命体は単独で生きることをやめ、大きな群体を形成し始めた。そうした群体は、集団になると動きも働きも高まる数百の生命体で構成されている。それは単細胞生物から多細胞生物への進化を象徴する存在となった。
*40

同じことが個体で生きるスズメバチにも起きた。スズメバチは1億年以上前に巣作りに協力し合うようになり、ミツバチやアリなど世界にコロニーを広げる社会性昆虫の台頭につながった。そればかりか、私たちの体の中にある細胞の1つひとつが自己組織化の証拠でもある。細胞の中には、細胞核とは完全に異なるDNAをもつ細胞小器官のミトコンドリアが存在する。これは、歴史の
*41

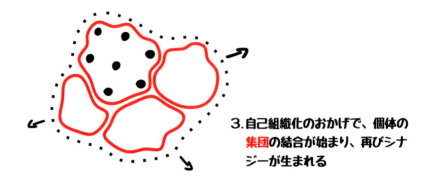

3. 自己組織化のおかげで、個体の集団の結合が始まり、再びシナジーが生まれる

初期段階でミトコンドリアは独立した生命体であったことを示していると考えられる。[*42]

　私たちの祖先が火の周りに集まるようになったのは、社会の進化の大きな転換点となった。そうして生まれたコミュニティから分業やモノの交換、共同の防衛などが発達していき、思考や技術、文化も効率的に広まるようになった。[*43] このような発達を支えたのは何だったのか。私たち人間はなぜ、チームプレーヤーになったのか。

　ダーウィンの進化論は「適者生存」に基づいている。環境に最も適した者は、自分の性質を受け継ぐ子孫を残しやすかった。競争に敗れた者は死に絶え、その遺伝情報は失われた。しかし、ダーウィンは「群選択」という概念も唱えた。個人間の生存のための争いと同じことが集団間にも起こるという意味だ。[*44]

　原始時代にマンモス狩りをしていた2つの部族を想像してほしい。一方の部

族は集団内で協力していた。役割を分担して互いの身を守り合い、狩りがうまくいったら獲物を分け合っていた。これに対し、もう一方の部族は自分勝手な個人の集まりだった。危険に身をさらすのは他の誰かだと全員が思って協力せず、運良く獲物を仕留められても肉を取り合う争いが起きていた。生き残りやすいのは、どちらの部族だろうか。

1994年にノーベル経済学賞の受賞対象となった「ゲーム理論」の科学的研究は、互いに協力して無私の精神で行動するほうが個人にとって得になることを数学的観点から明らかにした。[*45] 長い目で見ると、この種の振る舞いのほうが純然たる自己本位の行動よりも有利になる。集団内に協力的な人が多いほど、生存の可能性は高まる。原始時代の人間はゲーム理論を知らず、それに基づいて行動したのではなかったはずだ。それでも協力を始めたのは、いったいなぜなのか。

群選択

群選択のおかげで、協力的な個人から成る集団は
生存の可能性が高くなる。

　人間の進化の過程において、感情は合理的な行動を支えるように徐々に発達していった。たとえば、水分不足で死んでしまわないように、のどが渇いたという感覚が発達した。協力と無私の行動から生まれる**「意義の感情」**も同じように発達したはずだ。この感情を味わうことが自己組織化と**「自己2.0」**の行動を支えている。

　太古の昔から、思想家たちは**善**と**悪**の区別という問題と向き合ってきた。自己組織化という観点から見ると、「自己2.0」に駆り立てられる行動は「基本的な善」とすることができる。個人は自分のためだけでなく、他の個人や自分が属するコミュニティのための行動も取れる。そうした無私の協力ができる能力は、個人と集団全体の両方の発達につながる。

この「基本的な善」の反対は「基本的な悪」、つまり個人が自分の利益のために、他の個人や自分がいるコミュニティに害悪を及ぼす身勝手な行動だ。がん細胞のふるまいも同じで、自分が無限に成長しようとして宿主の体に害を及ぼす。

集団的ビジョンの力

　「私たちは1つにまとまる必要がある。世界を変えたければ、まとまって協力しなければならない」

　スイスの哲学者アラン・ド・ボトンが唱えたこの考え方は「集団的モチベーション」のカギを示している。集団のメンバー全員が似通った価値観と**個人的ビジョン**をもっていれば、物事を前に進めるための行動や組織化、その他の連携がはるかに容易になる。人々が**集団的ビジョン**をつくり上げるためにまとまれば、とても強い集団的モチベーションが生まれる。そして、自分のビジョンが自分のいるコミュニティのビジョンと重なり合えば、「意義の感情」を共有しているという意識が生まれる。人類の歴史において最も重要な原動力となってきたものの1つが、この感情だ。それが独裁者の打倒や革命など、世界全体に影響を及ぼす変革を生み出してきた。

「意義の感情」の共有は、世界全体の人々に実感できるものであり、それを示す事例にも事欠かない。世界的な宗教はほぼすべてがこの原理で動いているし、スポーツファンはひいきのチームの応援でそれを実感する。戦場での経験を振

り返った元兵士たちの記録にも、それが表れている。[*46]

　共通の価値観とビジョンに基づく集団的モチベーションは、私が訪れた刺激的な企業のほとんどにおいて、社員の献身を生むカギになっていた。会社全体で共有され、社員により深い意義を与えているノボノルディスク社のビジョンは、そのほんの一例にすぎない。

　サイモン・シネックが集団的ビジョンの力をこう言い表している。

「単に仕事をこなせるだけの人たちを雇うと、お金のためにしか働いてもらえない。しかし、あなたと同じことを信じている人たちを雇えば、血と汗と涙を流して働いてもらえる」

最もメリットが大きいのは、どの種類のモチベーションか？

　先延ばしと戦って幸福になりたければ、正しい種類のモチベーションを選ぶ必要がある。研究結果が示すように、それは外からのムチに基づくモチベーションでも、内なる目標に基づくモチベーションでもない。最も効果的なモチベーションは、ムチと目標を排除して「内なる旅に基づくモチベーション」を生み出す自分のビジョンをつくり上げることだ。

　しかし、単なる身勝手な「自己1.0」の行動だけでは強力なモチベーションにはならない。基本的な善につながる行動、つまり無私の「自己2.0」だけが、最も強い感情の１つである「意義の感情」を生み出せる。

集団的ビジョン

⬍ ⬍ ⬍

個人的ビジョン

自分と同じような価値観と個人的ビジョンをもっている人たちと
一緒になれば、とても強い**集団的モチベーション**が生まれる。

この種のモチベーションがあなたを前進に駆り立て続け、また強力な磁石のようにあなたを引っ張っていく。それと同時に、あなたは「フロー状態」と「意義の感情」を経験して気持ちが前向きになり、永続的に幸福感を味わえるようになる。自分と同じようなビジョンをもつ人たちと一緒にいるようにすれば、協力を通じてコミュニティを生み出せる。そして集団的モチベーションが生まれ、あなたの個人的ビジョンの効果が高まる。

　では、自分のビジョンはどうつくり上げるのか。わからなくても心配は無用だ。次のセクションで説明しよう。

ツール ── 自分のビジョン

「みなさんの時間は限られているのですから、借り物のような人生を生きるために時間を無駄にしないでください。ドグマにとらわれてはいけない。それは他の人々が考えたことに従って生きるということです」

これはスティーブ・ジョブズが2005年のスタンフォード大学の卒業式で語った言葉だ。正しい種類のモチベーションを選ぶことは、自分を成長させ、先延ばしを減らすうえで決定的に重要となる。したがって、この本で最初に紹介する実用的なツールは、**自分のビジョン**をまとめ上げ、「**内なる旅に基づくモチベーション**」の基礎を整える方法だ。この種類のモチベーションによって、あなたのビジョンは永続的に効果を発揮し、あなたに成果だけでなく幸福感の向上ももたらす。あなた自身の人生と、それに対する責任をどう考えるかという問題なのだから、あなたは自分自身のビジョンをもつ必要がある。ツールの名前に「自分の」という言葉が付いていることを忘れないでほしい。

私はあるクライアントから、自分のためにビジョンをつくってほしいと頼まれたことがある。忙しくて自分ではできない、謝礼は払うから、というのだった。私は、それでは意味がないということを説明した。ビジョンが内なるモチベーションというエンジンに点火するためには、自分が労力をかけてまとめ上げた自分自身のビジョン、つまり自分の考え方と価値観に基づく「自律的」なビジョンでなければならない。

では、具体的にどうすればいいのか。まず取りかかる前に、いくつかのシンプルな手順で準備を整えることをお勧めする。自分のビジョンの最終的なまとめ上げに向けて、その材料を集めておくための補助的なツールだ。

●ＳＷＯＴ自己分析：自分の強みと弱みを明らかにする。また、新しいチャンスの発見とともに、前進を阻害する要因の特定にも役立つ。

●自分の業績リスト：これまでに達成したこと、自分が誇りにしていることをまとめる。

●モチベーションを生む活動の分析：自分が人生で何をしたいのか、はっきりさせることに役立つ。強力なモチベーションを生み出す活動には４つのタイプがある。

●自分のビジョンのベータ版：最終的なビジョンの基礎づくりに役立つ。ビジョンづくりは初期段階が最も肝心なのだが、これを先延ばししてしまう人が少なくない。この方法は、その過程を単純化して作業の開始を後押しする。

自由に使える午後の空き時間を確保し、落ち着ける静かな場所で作業に取りかかろう。具体的なやり方については、以下のページで順に説明する。急がな

いことが肝心だ。作業を続けていくうちに、**最終版の自分のビジョンに向かって少しずつ進んでいくことになる。**

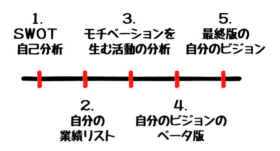

ＳＷＯＴ自己分析

あなたは、創造力はあるが整理が苦手という人だろうか。あるいは、緻密で分析力はあっても機転が利きにくいタイプだろうか。私はクライアントに自分の強みと弱み、好きなことと嫌いなことをよく質問する。ところが、自分のことなのに答えられないことも少なくない。その答えを見つけるのに役立つのがＳＷＯＴ自己分析[†]だ。

まず、78ページのＳＷＯＴ分析チャートの上段を完成させる。「自分の**強み**と**弱**

（†）ＳはStrengths（強み）、WはWeaknesses（弱み）、OはOpportunities（機会）、TはThreats（脅威）を意味する。

S：強み (Strengths)

W：弱み (Weakness)

O：機会 (Opportunities)

T：脅威 (Threat)

この部分からフローが生まれる

みは何か」と自問し、それぞれ5つ以上を挙げる。さて、そうすることにどんな意味があるのか。

　自分の強みは、自分のビジョンの実現につながる活動に最大限に生かすべきだ。スキルがあって意義も感じられれば、フロー（流れ）が生まれる。逆に、自分の弱みはフローの敵になるので、ビジョンをまとめ上げるうえで注意する必要がある。自分のビジョンを実現するうえで重要な活動でありながら、それに必要なスキルをもっていないという場合には、不安とフラストレーションを感じることになる。

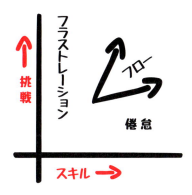

かつて私たちの会社で、会計士が3年分の財務記録をなくしてしまう事件が起きた。乱雑に書類が山と積まれた彼のオフィスに入っていくときの気分を今も覚えている。

　会計士の強みであるはずの几帳面さという特質が、彼には完全に欠けていた。私たちは会計士を替えたが、その5カ月後、彼は必要な書類を見つけ出して私たちに返却してきた。悪い人ではなかったし、悪意があったとも思えないが、彼は自分の能力を見誤っていたのだと思う。

　この経験であらためて、キャリアや進学先を選ぶうえで自分の強みと弱みをふまえる重要性を思い知らされた。自分のビジョンをまとめ上げるうえで、これは特に重要だ。

　自分の短所を改善するために、どれくらいの時間を費やすべきか。私の経験から言うと、それよりも長所を伸ばすことに時間を使うほうがいい。8対2が理想的な時間配分というのが私の結論だ。

　自分のビジョンは、挑戦と正しい方向性をもたらすだけでなく、自分の強みと合致する「ビジョンの実現につながる活動」に的を絞るうえでも重要な働きをする。

　ＳＷＯＴ分析の次のステップは、チャートの「**機会**」と「**脅威**」の記入だ。自分の人生に得られる機会について考えることで、将来的な可能性を見定めることができる。自分のビジョンをまとめ上げるうえで、大事な機会だけを選び取ることが重要だ。自分のビジョンは「決断のまひ」を克服し、大きく開いた

「潜在的可能性のハサミ」がもたらす機会のなかから最も重要なものだけを選び出すことに役立つ。

いくつもの「裏口」を開けたままにしておくと、自分が選んだ道筋に対する満足感が損なわれる結果になる。[*47]意図的に「潜在的可能性のハサミ」を閉じることによって、可能性を実現しやすくなる。

一例として、ニュージーランドに移住するか仕事を変えるか、あるいは新しいパートナーを見つけるか、毎日思い悩んでいる人を思い浮かべてほしい。悩み続けているとエネルギーをロスすることになる。しかし、長期的な決断、さらには恒久的な決断を下せば、自分が大事だと思い定めたことに専念できるようになる。

脅威を分析することは予防策として重要だ。人生でぶつかりそうな障害について、常に考えておくべきだ。大きな脅威はないということがわかる場合も少なくない。それによって心配が減り、先行き不安が薄れて安心感が高まる。

このＳＷＯＴ分析で不確かな部分が出てきても、心配する必要はない。しばらく時間が経ってから、またいつでも繰り返せる。この分析の最大の目的は、最終的な自分のビジョンのまとめ上げに向けて、自分の人生の４つの側面について考えてみることにある。

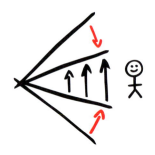

自分のビジョンは、自分にとって最も大事な機会を選び取るうえで役立つ。**自分の潜在的可能性の範囲を狭める**ことで、可能性を実現しやすくなる。

自分の業績リスト

　紙とペンを用意し、これまでに自分が成し遂げた最も重要なことを書き出す。つまり、自分が誇りに思う業績を少なくとも10項目挙げる。これもすぐには終わらないので、1時間ほど確保し、落ち着ける場所で頭に浮かんだことを書き出していこう。

　あるクライアントは、自分の業績について考えたのはこれが初めてだと私に打ち明けた。紙に書き出すという作業をしてみて、ずっと前に忘れていた記憶がよみがえったという。次に会うまでに24項目のリストをまとめてきたほどだ。そのリストにもう一度目を通す姿を見て、彼の熱意とともに自信の高まりが感じ取れた。熱意と自信は、自分のビジョンを最終的にまとめ上げるうえで極めて重要な意味をもつ。自分の業績リストは、それを見るたびに前向きな気持ちにさせてくれるものだ。

自分の業績リスト

モチベーションを生む活動の分析

　あなたは自分を高めるために、どんなことをしたいと思っているだろうか。何か新しい勉強か。エクササイズか。もっと健康的な食生活をすることか。この世界に自分の足跡を残すうえで、どんな活動をしたいと思っているだろうか。他の人たちと関係を結ぶうえで、何をしたいと思っているだろうか。どんな種類の「自己2.0」の活動ができるだろうか。

　モチベーションを生む活動の分析は、自分のビジョンと重なり合って強力な内的動機を生み出す事柄を見極めるのに役立つ。そうした活動は次の4種類に大別できる。

●**自分を高める活動**：教育や技能の習得、スポーツ、健康的な生活、効果的な休息の取り方などが含まれる。

●**後に残る成果を生む活動**：この世界に何を残すかということで、実体的な成果（たとえば植樹や家を建てること）もあれば、無形の成果（考え方や価値観を他の人たちに伝え残すこと）もある。子育ては後者の好例だ。

●**関係を構築する活動**：人間は社会的な生き物であり、他者とつながることは極めて重要だ。この種の活動には家族や友人との関係のほか、仕事上の新しい人脈なども含まれる。

●「自己2.0」主導の活動：自分自身ではなく周りの人たちのためにする無私の活動。人助けや社会をより良くするための活動など。総じて、より深い意義をもつ行動になる。

　バランスの取れたビジョンには、互いに補い合う関係にある活動や、上述の４つの側面すべてにまたがる活動が含まれるべきだ。たとえば、私にとってこの本の執筆は４つの側面すべてにまたがる。文章を書く力が磨かれると同時に、自分の考えを世に残すことになり、新しい人たちとの出会いが得られ、読者が人生をより良くすることにもつながると私は信じている。

　あなたのビジョンの最終的なまとめ上げに向けて、次のページのチャートを埋めてみてほしい。４種類の活動のそれぞれについて、自分がしたいと思うことを少なくとも３つ書き込むようにする。

自分のビジョンのベータ版

　あなたの最終的なビジョンのまとめ上げに役立つもう１つの方法が「ベータ版」、つまり草案の作成だ。私の経験では、ビジョンのまとめ上げに取りかかる段階で先延ばしに陥ってしまう人がいちばん多い。そこで最初のステップを踏み出しやすくして、そのまま最終版へと向かっていくのを助けるのが、このベータ版だ。次の質問に答えられれば、自分のビジョンのベータ版はもうできていることになる。

1. 自分を高める	**2. 成果を後に残す**
3. 関係の構築	**4.「自己2.0」の活動**

自分のビジョンのベータ版

1. 座右の銘は？　強く共感する考え方は？

2. 人生で最も価値あることは？（3つ挙げる）

3. 自分の時間を何に費やしたいか。
　　できたら理想的だと思うのは、どんなことか。

4. 社会にどう貢献できるか。どんな「自己2.0」の活動ができるか。

最終版の自分のビジョン

　理想的な最終版のあるべき形は？　ビジョンのまとめ上げは「自律性」が重要な要素となるので、最終版の形は原則的に自由だ。ビジョンを数段落の文章にしてもいいし、何行かにまとめてもいい。ただ、自分のビジョンが永続的な効果を生むようにするうえで、いくつか基本的な指針がある。

●**有形にする**：自分のビジョンを紙に書いておくと、本当に効果が上がる。いつも持ち歩くこともできるし、どこか目につきやすい場所に貼っておくのもいい。人間の脳は、いちばん大事なことでも忘れてしまうという驚くべき性質をもっている。自分のビジョンも例外ではない。しかし紙に書いておけば、そんなことは起こらなくなる。また、紙に書いておけば後から手直しもでき、自分のビジョンの完成度を高めていける。

●**感情的反応を高める**：感情的な反応を高めるために、座右の銘や自分が強く共感する考え方をビジョンに盛り込むのもいい。何かを想起させる絵や写真も同様の効果がある。また、この本と同じように図やイラストなどの視覚的要素を加えてもいい。

●**目標でなく行動に的を合わせる**：すでに説明したように、私たちは快楽適応の罠にはまりやすい。「目標依存」の状態になりたくなければ、目的地でな

く旅の過程に的を合わせたビジョンにする必要がある。たとえば、「私の人生の目的は……することだ」という文章をビジョンに含めるのもいい。旅に的を合わせることで「フロー状態」が生まれやすくなり、「今」の幸福感が高まる。

●**「自己2.0」の活動を組み入れる**：自己本位の性格が強すぎるビジョンは「意義の感情」につながりにくい。したがって、ビジョンには「自己1.0」と「自己2.0」の両方の活動を入れるべきだ。発明家のニコラ・テスラは自分のビジョンをこう表現した。「私がしたことはすべて人類のため、貧者が富者の暴力に辱められない世界、知性と科学と芸術の成果が社会に人間の生の向上と美化をもたらす世界のためだった」

●**バランスとつながり**：ビジョンにはバランスが必要で、仕事とともにプライベート、家族との生活もカバーするべきだ。自分の時間とエネルギーのすべてをあらゆることに向けることはできないのだから、優先順位をつけ、それぞれの活動に費やす時間を決める必要がある。また、ビジョンには一貫性も必要だ。つまり、すべての部分が調和する必要がある。ビジョンの一部分を実現することが別の部分の実現を阻害するという根本的な食い違いがあってはならない。

●**アンカーを使う**：ここで言うアンカー（錨）とは、自分のビジョンを自分自身に思い起こさせる実体的な物のことだ。私は若い頃、珍しい形の指輪を自分のビジョンの象徴にしていた。自分自身にビジョンを思い起こさせるために、その指輪を指にはめたまま何度か回すことにしていたのだ。儀式的な行為によって脳の中で、実体的な物（つまりあなたが選んだアンカー）と自分のビジョンが結びつけられる。親から受け継いだジュエリーや腕時計、あるいは絵やパソコンの壁紙、特定のシンボル、好きな歌、さらに目覚まし時計のアラーム音もアンカーになりうる。

　自分のビジョンのまとめ上げと修正は、生涯にわたって続くプロセスだ。完全に思えるビジョンも、状況が変われば修正が必要になる。自分のビジョンのまとめ上げは、先延ばしと効果的に戦うための最初にして最も重要なステップだ。ところが不幸にして、このステップは先延ばしされがちだ。**先延ばしとの戦いを先延ばししてはいけない。**

　1日の午後をまるまる使って上述の手順を踏み、自分のビジョンの第1版をまとめ上げるのが理想的だ。今すぐ、この作業をする日をカレンダーに書き込んでほしい。ウェブサイト[†]にプリントアウトして使えるワークシートもある。

（†）www.procrastination.com/personal-vision

自分のビジョンを行動に移すためのヒント

1.自分のビジョンを毎日役立てるためにできることは？

2.自分のビジョンに磨きをかけていくために踏めるステップは？

3.自分のビジョンを忘れないようにするためにできることは？

**4.自分のビジョンを最大限に活用するために、
　具体的にできることは？**

この章のポイント ―― モチベーション

モチベーションが強くなるほど、先延ばしは起こりにくくなる。ただし、モチベーションの種類によって幸福感に及ぼす効果は異なる。

外からのモチベーションというムチは、相手にその意思がないことをさせる圧力を生み出す。したがって幸福感を阻害し、脳内でドーパミンの分泌が減る。そのせいで脳の働きが鈍り、創造力や記憶力、学習能力が低下する。

内なる目標に基づくモチベーションは快楽適応が起こるために、目標を達成しても一時的な幸福感、つまり**喜びの感情**しか生まれない。この感情は中毒状態につながるおそれがある。

「内なる旅に基づくモチベーション」は、目標ではなく自分が望む活動に的を合わせる。そのために快楽適応が克服され、**「今」の幸福**をもっと感じられるようになる。

自分自身が望み、自分の強みを生かせることをすれば、**「フロー状態」**に入れる。脳内でドーパミンの分泌が増えて創造力と学習能力が高まり、**熟達**が促される。

無私の「自己2.0」の活動を自分のビジョンに組み入れれば、**意義の感情**が生まれることになる。意義が感じられることで内なるモチベーションの効果が高まり、人生をフルに生きているという意識が生まれやすくなる。

自分のビジョンは、「内なる旅に基づくモチベーション」を生み出す最大のツールとなる。物事の優先順位を決めて「決断のまひ」を防ぐことに役立ち、本当に意義のあることに専心できるようになる。

自分と同じような価値観やビジョンをもっている人々と一緒になることで、強力な**集団的ビジョン**が生まれうる。そのビジョンは極めて強い集団的モチベーションにつながる。

自分のビジョンのまとめ上げには、いくつかのツールが使える。**SWOT自己分析、自分の業績リスト、モチベーションにつながる活動の分析、自分のビジョンのベータ版**だ。

自律性が極めて重要な意味をもつので、ビジョンの最終版は自分自身の考えが中心になるが、その効果を高めるための方法がいくつかある。具体的には「有形にする」「感情的反応を高める」「目標でなく行動に的を合わせる」「『自己2.0』の活動を組み入れる」「バランスとつながり」「アンカーを使う」だ。

自分の進歩を長期的に確かめていけるように、まず今の自分のモチベーションと個人的ビジョンのツールの活用について、1～10のスコアで評価しておこう。

1～10

モチベーション
ツール：自分のビジョン

　この本を一読しただけで、すべての読者が完璧なビジョンをまとめ上げられるとは思っていない。しかし、この章で取り上げた領域で細かい改善を重ねていけば、やがて大きな前向きの変化が生まれうる。この章の要点に立ち返ることを繰り返していくうちに、トップレベルのビジョンをもてるようになると私は信じている。あなたのビジョンのまとめ上げがうまくいくよう願ってやまない。

規律
DISCIPLINE

自分自身に命令を下し、
それを守るには

How to give yourself orders
and follow them

私は大学時代、寮で建築科の学生と同室だった。知的で才能もある良い友だったが、私が出会ったなかで先延ばしの癖が最もひどく、ほぼ何事も最後の最後になるまでやらなかった。学校の課題も提出前日の夜に始め、たいてい朝までかかっていた。それで終えられないことも少なくなかった。かく言う私も同じようなありさまだったのだが。

　しかし、先延ばしの癖は断つことができる。やらなければならないことはわかっているのにやっていない、という時の感覚を思い起こせるだろうか。時として、自分自身の声に従えないという感覚になっていないだろうか。先延ばしをしてしまう原因の1つは、規律の不足だ。規律とは、望ましい行動を自分の体に納得させるためのスキルだ。

　規律は、自己開発においてモチベーションに次ぐ重要な要素だ。その中心となるのが自己統制——仕事からの逃避を引き起こすネガティブな感情を克服する能力だ。次に、もう1つの重要な側面として「決断のまひ」を克服する力がある。そして規律に関わる第3の要因として、私たちが「ヒロイズム」と呼んでいるものがある。自分のコンフォート・ゾーン（自分にとって心地良い状態）の外に踏み出すことが、その前提となる。

　この章の中心は、自己コントロールの力を永続的に高めるための実用的なツールだ。自己コントロールの向上は生産性と効率の改善につながり、意義あることをもっとできるようになる。自分のビジョンの実現につながる活動の効率が高まることで、幸福感が高まる。

頭は「はい」と言っているのに、気持ちが「いいえ」と言っているとき

　私は昔、父によく言われていた。「ピーター、自分に命令することを覚えないとな」。私は決まってこう答えていた。「どういうこと？　自分にこうしろと言っても聞かないんだ」。先延ばしに関する最も大がかりな研究分析によると、先延ばしをする最大の原因は、自分自身の声を聞けないことであるようだ[*48]。その能力のことを専門用語で**自己統制**という。

自己統制＝自分自身に命令を下し、それに従う能力

　冷たいプールに飛び込みたいのに体がいやだと言ったら、どうするだろうか。知らない人に話しかけたいのに、黙ったまま立っているときの気持ちは？　何かに取りかかろうとしていたのに別のことをしてしまっていて、自分に何度もダメだと言い聞かせようとした経験は？　自分が自分の命令に従わないという経験は、今までどのくらいあっただろうか。
　自分自身の命令に従えない原因は、人間の脳の進化の歴史の中に潜んでいる。

何百万年もの間に、私たちの脳は大きくなっただけでなく新しい部位も発達した。
*49

　人間の脳の中で最も古い部位は脳幹で、「爬虫類脳」とも呼ばれている。基本的な反射や直観をつかさどる。その後、哺乳類の祖先の時代に感情をつかさどる「大脳辺縁系」が進化した。さらにずっと時を経て、脳の中で最も新しい部位である「新皮質」が出現した。合理的・論理的思考や計画、言語をつかさどる部位だ。
*50

　脳は長い時間をかけて徐々に進化してきたため、古い大脳辺縁系から新しい新皮質へ向かう回路は逆方向の回路より数が多く、結びつきも強い。そのため、*51私たちの行動は思考よりも感情の影響をはるかに受けやすい。つまり、自分の命令を自分で聞けないのは脳の構造に原因があるということだ。思考をつかさ

どる新皮質が命令を下すのだが、それよりも強力な感情をつかさどる大脳辺縁系が聞こうとしないのだ。

自己統制は、感情を意図的にコントロールする能力だ。この能力を高めるほど自分の命令を聞けるようになっていき、誘惑に負けなくなる。そして、先延ばしが減っていく。

自己統制の能力とは、感情を遮断することではない。感情そのものが悪いのではない。むしろ感情は意思決定を容易にする。感情は思考より反応が速いため、生存に寄与する。自己統制の能力を高めることにより、感情がプラスの働きをしない状況で感情に引きずられてしまうことを防げるようになる。

現在の世界とは完全に異なる環境の中で発達した感情もある。たとえば、ま

脳の進化の過程ゆえに、**感情の脳**から思考の脳に向かう回路のほうが逆方向の回路より多くなっている。

だ洞穴の中で小集団生活をしていた時代、見知らぬ他者が近づいてくることは恐怖をもたらした。重大な脅威であったからだ。しかし今日、世界は私たちの感情面での適応が追いつかない速さで変化しているため、時として感情が的外れな反応を引き起こし、私たちを助ける役割を果たさなくなっている。つまり感情が、克服する必要のある障害になっているのだ。

　自分の邪魔をする感情をコントロールする力は、どうすれば得られるのか。自分をまひさせるネガティブな感情、先延ばしを引き起こす感情を、どうすれば克服できるのか。それを解決する方法は、「象と象使い」という仏教の例え話で端的に表すことができる。極めてシンプルでわかりやすく、現代の心理学にも引かれている。[*52]

個人の人格は2つの主体に分けることができる。象と象使いだ。

感情的な象と合理的な象使い

　比喩的に言うと、私たちの誰もが自分の中に2つの生き物を抱えている。野生の象と、それを操る象使いだ。「象」は私たちの**感情**を、「象使い」は**理性**を象徴する。「象」と「象使い」の大きさの違いが、感情に関わる大脳辺縁系と理性に関わる新皮質のバランスの偏りを表している。

　自己統制は「象」を操る「象使い」の能力だ。その能力が高いほど、「象」を思いどおりに動かしやすい。逆に「象使い」に力量がなかったり、疲れていると、「象」を操れない。

象使いは理性を、**象**は感情を象徴する。自己統制とは象使いの能力だ。

　象使いが象の操り方を覚えなければならないのと同じように、私たちも自分のビジョンの実現に向かって進めるように、感情を意識的にコントロールすることを覚えなければならない。自分のビジョンに「象使い」だけでなく「象」も従う必要がある。「象使い」と「象」の間に調和が生まれれば、あなたは「フロー状態」に入れる。「象」が活動を喜び、その活動が自分のビジョンに合

致するものであることを「象使い」がわかっている状態だ。

　では、どうすれば「象」の操り方を覚えられるのか。どうやって「象」を手なずければいいのか。自己統制の能力は何に基づくのか。

認知リソース ── 自己統制のカギ

　研究結果から、自己統制の能力には限界があり、「認知リソース（資源）」に左右されるということが示されている。[*53]「象と象使い」の例えで言えば、認知リソースは象使いのエネルギーのレベルで表される。コップの中の水のようなものだ。行動に向けて自分自身を説得するたびに、認知リソース──つまりコップの中の水──は減っていく。

　自分の認知リソースを使い切ると自己統制の能力が失われ、感情に動かされるようになる。つまり、「象使い」が「象」を操れなくなり、「象」が自分の行

認知リソースは象使いの
エネルギーを表す。自己
統制をするたびに、その
レベルは下がっていく。

認知リソースが枯渇すると
象使いが象を操れなくなり、
象が**自分の気の向くままに**
動きだす。

きたいところに行こうとするようになる。かくしてテレビやフェイスブックに没頭したり、飲酒や喫煙、浮気、過食、ポルノにはまったり、買い物に夢中になったりする。そして、先延ばしが始まる。

　ここでの朗報は、認知リソースは1日を通じて**補充**でき、さらに総量を**増やす**こともできるという点だ。つまり、コップに水をつぎ足せるだけでなく、コップを大きくすることもできるのだ。

認知リソースの補充

　1日中、自己統制できる状態になりたければ、状況に応じて認知リソースの補充を繰り返す必要がある。

認知リソースは1日を通じて補充でき、それが自己統制の向上につながる。

　補充は**予防的に常時行う**べきで、先延ばしするのは得策ではない。たとえば、取るべき休憩を先延ばしすると、認知リソースが完全に尽きてしまい、補充すること自体に必要なエネルギーがなくなってしまいかねない。

　認知リソースは栄養素、特にブドウ糖と単糖類に大きく左右されることが研究で示されている。[*54] したがって自己統制の能力の補充には、フレッシュジュー

スを飲んだり果物を食べたりするのがいい。あるいは、「象使い」をリラックスさせるような単純な作業や運動をするのもいい。5分間歩くことで、ほぼ完全な補充ができる。[56]

このように1日に何度か、携帯電話をオフにしてジュースを1杯飲み、少し歩くようにするべきだ。それで認知リソースの補充が促され、自己統制を必要とする活動がもっとできるようになる。予防的に認知リソースを補充することで、生産性が大きく高まりうる。

私は多くのクライアントから、夜遅くまで仕事をしていて文字どおり干上がった状態になっていると聞かされてきた。私自身もかつてはそうだったが、毎日の仕事の合間に休憩時間をあらかじめ確保しておくことを覚え、実際にその計画に従うようにした。認知リソースの補充によって、朝よりも高いエネルギーレベルで仕事を終える日もある。

認知リソースを高める

意志が強いと言われる人は、たいていの場合、とても大きな認知リソースをもっている。コップが大きいほど自己統制が長続きする。

対照的に、先延ばしをする人は自己統制の能力がとても低く、「象使い」がすぐに疲れてしまう。最近の研究は、意志力が筋肉のようなものであることを示している。[57]つまり、訓練で強化できるということだ。そうすれば「象使い」の能力が高まる。

意志力の筋肉は強化できる一方で、逆にすり減ってしまうこともある。新年の誓いをたくさん立てすぎたり、目標が大きすぎたりするとうまくいかないのも、そのためだ。年に一度だけスポーツジムで激しい筋肉トレーニングをするようなものだ。認知リソースを高めることには慎重に取り組む必要がある。

　認知リソースの拡充は自己統制強化の基礎、したがって先延ばしを減らす長期的な戦いの基礎になる。意志力の筋肉強化のカギは、正しい**習慣化**のアプローチを取ることにある。

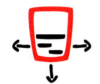

認知リソースは訓練で拡充できる。そうすれば、より長持ちするようになる。

習慣化 ── 自分の「象」をどう訓練するか

　私の同僚の1人が最近、70マイル（約113キロ）の山岳ウルトラマラソンを完走した。彼はほんの数年前まで走るのが嫌いで、まったく走っていなかった。その頃の彼は無責任な先延ばし屋だったのだが、今では私が知るなかで最も意志力が強い1人だ。習慣化を少しずつ積み重ねていくことで、彼は自分の「象」を動かせるようになったのだ。

人生には、しなければならないのに気が進まないことも少なくない。そこから生じる**感情的な嫌悪**があなたをまひさせ、先延ばしを引き起こす。理性が命じていてもネガティブな感情が行動を邪魔する。あなたの「象」は、その仕事を障害と見なして怖がるようになる。感情的な嫌悪が強いほど（複雑で大変な仕事であるほど）、「象」の目に映る障害は大きくなる。

感情的な嫌悪はまひにつながる障害で、合理的な計画に基づく行動を阻害する。

　人生では往々にして、この感情的な障害の向こう側に大事なことが位置する。したがって、その障害の乗り越え方を覚える必要がある。抵抗感をどう扱えばいいのか。嫌いなことを好きになれる方法はあるのか。嫌いなことをしながら「フロー状態」に入っていくことはできるのか。
　まひ状態を克服するには、**できる限りバーを低く設定**する必要がある。そして、それを踏み越えることを「象」に覚えさせる。それを可能にするのは、何度も繰り返すことだ。ふつうは**20回か30回繰り返す**必要がある。[*58] そうすれば「象」が無意識的にできるようになり、新しい習慣として身につく。抵抗感は

なくなり、歯磨きのような習慣になる。

　新しい習慣として身についたら、**少しずつバーを上げていく**ことが可能になる。こうして、最初は抵抗感からまひ状態につながっていた障害の乗り越え方を体得できる。

　この本を書くのも、そうした形で始まった。最初は毎日、２段落ずつ書くと自分に言い聞かせていた。私（と自分の「象」）にとって、それが受け入れられる範囲の分量だった。最初から１日に何ページも書こうとしていたら、この本はでき上がらなかっただろう。

　習慣化は分量の問題ではなく、小さなステップと反復が物を言う。小さなステップにすることで、大きな変化を生み出せるのだ。日本の企業が編み出した「カイゼン」方式と同じことだ。[59]

習慣化の方法

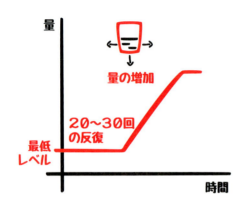

新しい習慣を身につけるには、最初にバーを**できる限り低く**設定することが重要。それをクリアできたら、量を増やしていけるようになる。それが意志力の筋肉の強化に役立つ。

　新しい習慣が身についたら、少しずつ量を増やしていくことで意志力の筋肉を強化できる。バーを上げるごとに意志力が高まり、意志力が高まるにつれて、より大きな障害を乗り越えられるようになっていく。

　たとえば、ランニングを始めようとする場合、いきなり3キロ走ることにするのは得策ではない。バーを高くしすぎると、あなたの「象」は怯えてしまう。一度か二度走っただけで続かなくなってしまうというような結果になるはずだ。

　ランニングを習慣にしたいのなら、最低限のレベルから始めることだ。毎日、何百メートルか走ることから始める。あるいは、スポーツウエアを着て外に出

て、少し歩いて戻ってくるだけでもいい。何事でも、必ず「象」が心安く踏めるステップがある。その小さなステップを何度か繰り返すことができれば、あなたの「象」はそれに慣れ、走る距離を延ばしていける。そして「フロー状態」に入り、走ることを楽しめるようになる。

早起きや健康的な食生活、エクササイズ、あるいは悪い習慣を断つことも、小さなステップを積み重ねることで達成できる。突然大きく変えるよりも、少しずつ変えていくほうが心理的に無理がなく、そのほうが長続きしやすいので、成功の確率もずっと高くなる。

意志力の筋肉はすべてに対応するので、ある活動で強化すれば、別の活動にも生かせるようになる。走ることで意志力を高めた私の同僚は、それを毎日の仕事に生かしている。

習慣を乱さずに維持するには

習慣は休暇や病気、あるいは忘れて怠ってしまうことによって、かなり簡単に乱されうる。そうなってしまった場合のために、できる限り早く元の習慣に戻るための方法を知っておく必要がある。よくある間違いは、しばらく間が空いた後で「象」を怯えさせてしまうことだ。たとえば体調を崩した後、また1日3キロ走るという習慣に戻りたいとする。しかし、いきなりまた3キロ走ろうとすると、「象」はショックを受けて嫌がりかねない。

したがって、また**バーをできるだけ低くする**ことに戻るべきだ。それを何度

か繰り返せば、また量を増やせるようになる。習慣を強化するには、常にゆっくりと進む必要がある。

習慣が乱れてしまった場合には

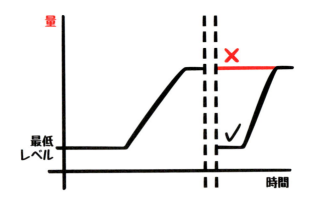

習慣に乱れが生じた場合、いきなり元の状態に戻ろうとするのは得策ではない。まひ状態に行き着いてしまうおそれがある。最初の最低レベルの目標に戻り、それを何度か繰り返すことだ。そうして初めて、また量を増やせるようになる。

悪い習慣を断ち、二度と戻らないようにするには

悪い習慣を断つことにも、**新しい習慣を身につける**のと同じ方法が使える。「カイゼン」方式さながらに少しずつ悪い習慣を抑えていくことで、最終的になくしてしまえる。

私のクライアントの1人は、たばこを毎日1箱半も吸っていた。何度も禁煙しようとして失敗し、自分を信じられない気持ちになって、もうたばこはやめられないと思っていた。そこで私は、「カイゼン」方式で一緒にやってみようと提案した。

最初の目標として、1日1箱に減らすことにした。「象」に抵抗を感じさせない範囲だった。そして目標の20日を過ぎると、さらに少しずつ本数を減らしていった。2カ月目に入り、1日の本数を20本から15本、10本へと減らした。3カ月目には10本から5本、そしてついにゼロまでたどり着いた。その後はもう1年半、たばこを吸っていない。

私たちは同じ方法で、アルコール依存症の人たちに飲酒をやめさせたり、運動とは無縁だった人たちに競技スポーツを始めさせたりすることもできた。爪を噛むのをやめさせたこともある。すべて、少しずつ変化を積み重ねていった結果だ。また、そうであるからこそ挫折せずに続けられたのだ。

悪い習慣と戦ううえで、意図的に**抵抗感を生み出す**という方法も使える。つまり「象」の前に障害を置くのだ。たとえば、フェイスブックのアイコンをサブホルダーの中に「隠す」ことで、クリックする頻度を減らすことができる。

悪い習慣を断つ

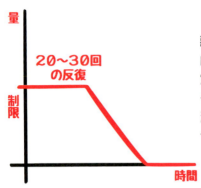

悪い習慣を断つには、まず自分が守れる範囲の制限を定める必要がある。そして、そこから悪い習慣を徐々に減らしていき、完全になくせるまで続ける。

　私の友人は、この方法でたばこをやめた。たばこを1箱買ったら50ドルをホームレスの人にあげると、自分自身に約束したのだ。つまり、たばこの値段が一気に跳ね上がったということで、もう買おうとしなくなった。強い抵抗を感じるように仕向けることで、ほぼどんなことでも避けたいことに変えられる。

意図的に抵抗感を生み出すことによって、象使いがしたくないと思っていることから象を遠ざけられる。

私は同僚たちと一緒に、「象使いと象」と認知リソース、習慣化についてわかったことをまとめ上げ、意志力の筋肉を毎日鍛えるためのシンプルなツールを編み出した。その名も「習慣リスト」だ。先延ばしと戦ううえで、自分のビジョンと並ぶ大きな武器になる。

ツール ──「習慣リスト」

「**習慣リスト**」は、あなたの**規律**を高めるための極めて重要なツールで、意志力の筋肉を少しずつ強めていくのに役立つ。必要な時間は1日たったの3分だが、生涯を通じて残る大きな変化を生み出すことにつながる。

　その効果は、感情的な大脳辺縁系に対する新皮質の弱さを克服することから生まれる。具体的な仕組みとしては、自己統制と認知リソースに関する研究成果、「カイゼン」方式、習慣化の原則を一体化させている。

「習慣リスト」は早起きや健康的な食生活、エクササイズ、勉強や学習など、ほぼすべての**良い習慣**に役立ちうる。また、**悪い習慣**をコントロールすることにも役立ち、喫煙や過食、インターネット依存、飲み過ぎ、そして先延ばしをやめることにも効果を生む。

　この「習慣リスト」への記入という作業自体が、新しい習慣を身につけるための習慣 ──つまり「メタ習慣」── の形成につながる。「習慣リスト」は自

己開発のバックボーン、つまり積み重ねを続けていく土台になる。

「習慣リスト」の使い方

「習慣リスト」とは、あなたが自分で毎日書き込みをしていく1枚の表だ。ひと月ごとに1枚の表を使う。横の段はそれぞれの日を、縦の列は特定の習慣を表す。自分が身につけたい習慣でも、捨てたいと思っている悪い習慣でもいい。

それぞれの習慣の呼び名を決めて、**最低限の目標**を設定する。たとえば、朝早く起きるようにしたいのなら「**早起き**」として、「**7時半**」というように目標を決める。あなたの「象」が嫌がらないように、バーをできる限り低く設定することが重要だ。たとえば、「**エクササイズ**」という習慣に「腕立て伏せ10回」「5分間の運動」「150メートル走る」というような目標を設定できる。具体的な目標を決められない習慣（たとえば**健康的な食生活**）の場合には、**1〜10点**で自己評価することができる。

縦の最初の列には常に「**習慣リスト**」への記入という習慣が入る。そして最後の列は、**その日にできることをどこまでやれたかを1〜10のスコアで書き込む自己評価**にする。習慣の数はいくつにしてもいいが、少ないほど効果が上がりやすいということを覚えておいてほしい。最初は3つから5つほどをお勧めする。この方法に慣れていくにつれて、次の月から新しい習慣を付け加えていくようにすればいい。

「習慣リスト」は毎日、その日のうちに記入する。それぞれの習慣について自

「習慣リスト」

習慣	習慣リスト	早起き	エクササイズ：ランニング	飲酒	・・・	達成レベル
最低限	毎日	7時半	150m	ワイン2杯		1～10
1.						
2.						
3.					・・・	
4.						
5.						
・・・					・・・	

「習慣リスト」はひと月に1枚で、横の段はその月の各日、縦の列は自分が取り組みたい**習慣（または悪い習慣）**になる。それぞれの習慣ごとに、抵抗を感じない範囲の目標を決める。

分がしたことを記録し、目標を達成できた日には**緑のマーク**、達成できなかった日には**赤のマーク**をつける。すべての習慣について目標を達成できた日は、最後の自己評価の欄にも緑のマークをつける。１つでも目標を達成できなかったら、最後の欄も赤のマークになる。

この「習慣リスト」は通常、数日で効果が表れ始める。何週間か経てば、大きな変化が目に見えるようになる。新しい習慣が身につき始め、緑のマークが増えていく。それぞれの習慣で緑のマークが20個以上になったら、もっと上を目指してもいい。ただし、最低限の目標はそのまま変えないこと。まだ本当に習慣が身についた段階ではないからだ。

さらに効果を高めるためのアイデア

●**青のマーク**：自分でコントロールできない理由で習慣を維持できなくなった場合には、青のマークをつける。たとえば、体調を崩したり休暇に入ったりして、シートの目標を達成できなくなることがある。ただし、このマークは軽々しく使わないこと。「合理化[†]」を防ぐためだ。青のマークがついた項目は、毎日の自己評価から除外する。

●**毎日ではない習慣**：たとえば１日おきなど、毎日する必要はない習慣につい

（†）「合理化」とは、自分で受け入れられない行動を正当化する根拠を見つけ出そうとする心理機制。要するに脳が言い訳をすること。

習慣リストへの記入

習慣	習慣リスト	早起き	エクササイズ：ランニング	飲酒	・・・	達成レベル
最低限：	毎日	＜ 7時半	150m	ワイン2杯		1〜10
1.	した ●	7時 ●	150m ●	0杯 ●		9 ●
2.	した ●	7時20分 ●	150m ●	0杯 ●	・・・	7 ●
3.	した ●	7時 ●	250m ●	4杯 ●		8 ●
4.	した ●	9時半 ●	0m ●	0杯 ●		5 ●
5.	した ●	7時半 ●	150m ●	0杯 ●		7 ●
⋮	⋮	⋮	⋮	⋮	・・・	⋮

その日の夜にシートに記入する。それぞれの項目について、目標を達成できた場合には緑のマーク、できなかった場合には赤のマークを付ける。すべての項目が達成できた日は最後の欄にも緑のマークを付ける。

本書では緑のマークを●で表している。

ては、やらなくていい日の欄に前もって×印をつけておく。そして当日のシート記入の際に、その欄に緑のマークをつける。

●**30日チャレンジ**：毎月、集中的に取り組む項目を１つ選ぶことをお勧めする。その１カ月、毎日が緑のマークになるようにするのだ。「習慣リスト」に、その項目を赤ペンで記入する。この30日チャレンジは、自分に合う習慣かどうかを試してみることにも使える。飲酒しない、肉を食べない、冷水シャワーを毎朝浴びるなどといったことを試せる。最初は「習慣リスト」への記入自体を30日チャレンジにすることをお勧めする。

●**再スタートの線を引く**：「習慣リスト」をきちんと実行できていない、つまり赤のマークが多くなりすぎたり、記入自体を何日も忘れたりしたという場合には、太い横線を引いて表を区切る。自分を許して、また最初からやり直すのだ。青のマークと同じように、使い過ぎに注意すること。ひと月に２回、太い横線が出たら少し疑わしい兆候だ。

郵 便 は が き

１４１ - ８２０５

おそれいりますが
切手を
お貼りください。

東京都品川区上大崎3-1-1
株式会社CCCメディアハウス
書籍編集部 行

■ご購読ありがとうございます。アンケート内容は、今後の刊行計画の資料として利用させていただきますので、ご協力をお願いいたします。なお、住所やメールアドレス等の個人情報は、新刊・イベント等のご案内、または読者調査をお願いする目的に限り利用いたします。

ご住所	□□□-□□□□ ☎ — —			
お名前	フリガナ		年齢	性別
				男・女
ご職業				
e-mailアドレス				

※小社のホームページで最新刊の書籍・雑誌案内もご利用下さい。
http://www.cccmh.co.jp

愛読者カード

■本書のタイトル

■お買い求めの書店名（所在地）

■本書を何でお知りになりましたか。

①書店で実物を見て　②新聞・雑誌の書評(紙・誌名

③新聞・雑誌の広告(紙・誌名　　　　　　　) ④人(　　　)にすすめられて

⑤その他(　　　　　　　　　　　　　　　　　　　　　　　　　　　)

■ご購入の動機

①著者(訳者)に興味があるから　②タイトルにひかれたから

③装幀がよかったから　④作品の内容に興味をもったから

⑤その他(　　　　　　　　　　　　　　　　　　　　　　　　　　　)

■本書についてのご意見、ご感想をお聞かせ下さい。

■最近お読みになって印象に残った本があればお教え下さい。

■小社の書籍メールマガジンを希望しますか。（月２回程度）　はい・いいえ

※ このカードに記入されたご意見・ご感想を、新聞・雑誌等の広告や
弊社HP上などで掲載してもよろしいですか。

はい(実名で可・匿名なら可)　・　いいえ

「習慣リスト」── 拡張版

習慣	習慣リスト	早起き	エクササイズ：ランニング	エクササイズ：ジム	・・・	達成レベル
最低限	毎日	7時半	150m	週1回		1〜10
1.	せず ●	7時 ●	0m ●	✗ ●		6 ●
2.	せず ●	7時20分 ●	0m ●	✗ ●		5 ●
3.	した ●	7時 ●	250m	した ●		8
4.	した ●	7時半 ●	病欠 ●	✗ ●		6
5.	した ●	7時半 ●	病欠 ●	✗ ●		7
⋮	⋮	⋮	⋮	⋮	・・・	⋮

「30日チャレンジ」の項目を赤い文字で書き、100％の達成を目指す。達成できなかった場合には、その横に青のマークをつける。毎日する必要のない習慣については、しなくていい日に前もって✗印をつけておく。「習慣リスト」をきちんと実行できていない場合には、太い横線で表に区切りを入れ、また最初からやり直す。

本書では青のマークを●、緑のマークを●で表している。

「習慣リスト」が効果を生む理由

●**シンプルさ**：この本で紹介している他の方法と同様、「習慣リスト」もごく
シンプルだ。シンプルであるということは、取りかかりやすいことを意味す
る。レオナルド・ダ・ビンチが言っている。「シンプルさは究極の洗練であ
る」

●**規則性**：毎日、目標を達成しようとすることで真剣に取り組むようになり、
したがって努力が長続きする。毎日繰り返していくことによって、私たちの
脳に生じる最悪の問題の１つである「忘れること」が起こりにくくなる。

●**実体性**：「習慣リスト」はデジタルデータではなく、紙に書かれた実体であ
るという点が極めて重要だ。手書きすることで関係性が生まれる。パソコン
の電源を入れる、アプリを起動する、マウスを何度かクリックするといった
わずかな手間でも、障害になりうる。また、実体的に書かれたもの、特にそ
れが目に付くところにある場合は無視しにくい。

●**視覚的なフィードバック**：「習慣リスト」は視覚的なフィードバックをもた
らす。それぞれの習慣について、自分がどれだけやっているかが一目でわか
る。「習慣リスト」は鏡のようなもので、フィードバックがカギとなる。何
週間か続けているうちに、おのずと緑のマークが増えていき、すべてが緑に

なる日も出るようになる。

●**自分のビジョンとのつながり：**「習慣リスト」の項目は自分のビジョンと呼応する。「自分のビジョンを毎日読み上げる」ということも目指す習慣になりうる。それぞれの習慣について、自分がなぜそれを身につけたいのかを考えることが大事だ。その答えは、あなたのビジョンの中にあるべきだ。

起こりやすい問題

●**自分の能力の過信：**いちばん起こりやすい間違いだ。目線を高くしすぎたり、一度にたくさんの習慣を身につけようとしてしまう。「少ないほうがいい」という原則を忘れずに。特に初めが肝心で、飲み込めるサイズの小さなものから始めよう。そうして続けていくうちに自分にとって最適のレベルや量がわかり、正しい高さにバーを設定できるようになる。

●**２日連続で「せず」は危険なサイン：**その日にできなかった項目は、必ず翌日にやること。それでもできなければ、その習慣は身につけられない可能性が高いということになる。

●**シートは１カ月前に作成する：**「習慣リスト」は１カ月単位なので、次のシート作りはとても大事な作業になる。十分な時間的余裕をもって取りかかろ

う。利用できるテンプレートを用意してある[†]。念のために予備の「習慣リスト」もプリントアウトしておこう。カラーマーカーも切らさないように。

●**合理化**：あなたの脳は「習慣リスト」を使わずにすむ言い訳を見つけようとする。「表なんか役に立たない」とか「創造性を縛られる」というのが、よくある言い訳だ。だが、実際はその逆だ。私のクライアントにはグラフィックデザイナーなどクリエイティブ職の人たちもいて、「習慣リスト」を使って創造力に磨きをかけている。

●**シート記入の先延ばし**：シートへの記入をサボるという問題が起こりやすい。毎日書き込むことが、成功の極めて大きなカギになる。記入しなかった日は、シートの最初の欄に赤のマークをつける。遅れてしまった場合には、後から必ず埋めるようにしよう。記入を5日以上しなかった場合には、太い横線で表を区切り、なるべく早く再スタートするようにする。ビジョンのまとめ上げと同様に、先延ばしとの戦いを先延ばしするのは禁物だ。

　私自身、「習慣リスト」をもう3年以上使っている。おかげで早起きや朝の冷水シャワー、エクササイズを習慣化することができた。自分のビジョンを定

（†）www.procrastination.com/habit-list

「習慣リスト」の使い方

1) 1カ月前にプリントアウトする（できれば2カ月前に）
2) 身につけたい習慣と最低限の目標を決める
3) 過信に注意する──自分の「象」を意識する
4) 毎日、シートに記入する
5) 目標を達成したら緑のマークをつける ●
6) 目標を達成できなかったら赤のマークをつける ●
7) 達成レベルを1〜10点で評価する
8) マークの色よりも、シートに毎日記入することのほうが大事
9) 折に触れて自分のビジョンを読み上げ、この取り組みをしている理由を改めて意識する
10) シートへの記入を先延ばししないこと！

その他のアイデア

＋) 目標を達成できなかった場合には、青のマークをつける ●
＋) 毎日する必要のない習慣については、しなくていい日に✗印をつけておく
＋) 1カ月の毎日、100％達成したい項目を1つ決める
＋) シートのことを忘れてしまった場合には再スタートする

……そしてもう1つ……カラーマーカーを買っておく ● ● ●

本書では青のマークを●、緑のマークを●で表している。

期的に自分自身に言い聞かせ、毎日を精一杯に充実させたい理由を理解することもできるようになった。

私は「30日チャレンジ」で断酒した。とても面白い経験だった。それまでは毎晩、お気に入りのバーでワインを何杯か飲んでいたが、その頃とは比べものにならないほどエネルギーが増えた。この経験のおかげで、私はそれからほとんどお酒を飲まなくなった。

本やビデオで自己啓発をすること、食生活を変えること、毎日の予定を立てることも、私は「習慣リスト」で習慣化した。「習慣リスト」がなければ、この本はおろか、私の会社も存在していなかったはずだ。

「決断のまひ」

私のクライアントの1人で大きな会社の女性経営者が、会社で何もせずにデスクに座っていることも少なくないと打ち明けてくれた。あまりにも仕事が多すぎて、どれを選ぶか考えるだけで疲れ切ってしまう。何から手をつければいいのかわからないというのだった。

別のクライアントは、メールの受信箱に1000通以上の未読メールがたまっていた。メールにログインするたびにエネルギーを奪い取られてしまい、仕事に支障が生じていた。どちらのケースも「**決断のまひ**」から生じた効率の低下

と先延ばしだ。

　選択肢が多すぎることから生じる「決断のまひ」は、自己統制の不足に次いで効率と生産性の低下を引き起こす第２の原因だ。先延ばしと戦いたいのなら、長期にわたって「決断のまひ」に対処していく方法を身につける必要がある。

　あなたは毎日、数々の決断をしなければならない。悩みに悩んで疲れきってしまうということも起こりうる。意思決定は気の進まない仕事とまったく同じで、認知リソースを枯渇させ、意志力の筋肉も弱ってしまう。[*60]　実際に仕事をするエネルギーがもう残っていないという状態にもなりかねない。２つの重要な仕事──「仕事Ａ」と「仕事Ｂ」とする──のどちらかを選ばなければならない場合、私たちはどちらもしなかったり、取るに足らない「仕事Ｃ」をしようとしたりすることになりやすい。

　選択肢が多いほど、そして選択肢の違いが大きいほど「決断のまひ」は強くなる。10通のメールから１つを選ぶのは、1000通から１つを選ぶことほど難しくない。選択という行動は、大変な仕事をしなければならない場合と同じような抵抗感を引き起こす。だから決断を先に延ばそうとするのだ。選択を先延ばしすることで、その選択に基づく行動も先延ばしされることになる。

　アメリカのある大手保険会社の顧客を対象とした大規模な調査から、退職貯蓄プランの選択肢が多いほど、実際に積み立てをする人が少なくなることが示されている。[*61]　つまり、選択肢が多くなるほど、１つを選ぶのが難しくなるのだ。

　巾場での選択肢が10個増えるごとに、積み立てをしようとする人の数は約

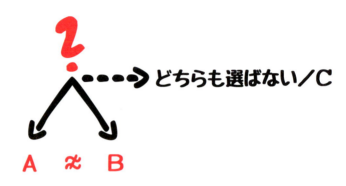

大きな違いのある2つの重要な選択肢 ──「選択肢A」と「選択肢B」 ── のどちらかを選ばなければならない場合、私たちはどちらも選ばなかったり、取るに足らない「選択肢C」を選んだりしようとすることになりやすい。

２％ずつ減る。選択肢が５つの場合には70.1％の人が決断を下せるのに対し、選択肢が15個になると67.7％、35個になると63％と、決断を下せる人は減っていく。一方、市場では退職貯蓄プランの数がますます増える流れにある。その結果として生じる「決断のまひ」は、多くの人が積み立てをしなくなるということを意味する。

もう１つの興味深い研究として、数百人の医師に股関節障害を抱えた患者のケースを示した実験がある[62]。主治医があらゆる治療法を試したが効果がなく、人工股関節手術の専門医を紹介することにしたという設定だ。

その後、医師たちを２つのグループに分け、それぞれ違う説明を加えた。一方のグループには、主治医が１つの**治療法**を試し忘れていたと説明し、どうするかと質問した。すると、72％の医師が人工股関節手術の前に、その治療法を試してみると答えた。

もう一方のグループには、**２つの治療法**を試し忘れていたことがわかったと説明した。そのうえでどうするかと質問すると、47％の医師が人工股関節手術を受けさせると答えた。２種類の治療法の選択が絡んだことで意思決定が難しくなり、選択そのものを避けようとする医師が多くなったのだ。

「決断のまひ」は意思決定を困難にするだけでなく、多くの選択肢のなかから１つを選ぶことができた場合にも問題を引き起こしうる。自分の決断を後悔する結果になりやすいからだ[63]。つまり、別の選択をしていればという思いだ。大学や職業の選択、あるいはパートナー選びにおいて、これは理想的な状態では

「決断のまひ」── 研究結果

1.

72% vs. **28%**

2.

53% vs. **47%**

選択が難しくなるほど、選択を避けようとする心理が強まる。治療法を1つから2つに増やしたことで、患者に手術を受けさせようとする医師が大きく増える結果になった。

ない。

　自分の決断に対する後悔に的を合わせた研究もある。この実験では、写真講座の広告を出して被験者を集めた[*64]。講座では実際に写真をたくさん撮らせ、最後に２枚選んで現像するということにした。

　現像した２枚のうち、家に持ち帰れるのは１枚だけという設定で、一方のグループには選んだ写真を**後で変えることはできない**、もう一方のグループには、**後で変えることもできる**と説明した。そして、それぞれのグループの人たちの自分で選んだ写真に対する満足度を測定した。その結果、後で変えられるグループのほうが大幅に満足度が低かった。

　この実験では、将来の満足度をどれだけ見通せるかという点もテストされた。受講するコースを選ばなければならないという設定で、どちらも最後に１枚だけ写真を選べるが、その後に写真を選び直せないコースと選び直せるコースの２通りの選択肢を示した。

　すると、ほとんどの人が後者を選んだ。後から考え直せる余地を残しておきたいという心理が働くからだ。そして上述した結果と同様、第２のコースを選んだ人のほうが自分の写真に対する満足度は大幅に低かった。この実験結果は、自分のビジョンに沿って「潜在的可能性のハサミ」を意図的に閉じ、自分が本当に力を傾けられる機会だけを選ぶようにするべき理由を物語っている。

「決断のまひ」の原因に関する知見を実生活でどのように生かせるのか。それ

を克服して効率と生産性を高めるには、日々の生活でしなければならない決断の数を最小限に減らす方法を身につける必要がある。本当に決断を下さなければならないときには、そのプロセスをできるだけシンプルにシステム化する必要がある。

どの活動が自分のビジョンの実現につながるのか。常に自分のビジョンとの関係を考えるべきだ。「決断のまひ」を克服するうえで、タスク管理システムも使ってみる価値がある。

ただし、ほとんどの時間管理ツールは「決断のまひ」を考慮に入れていない。そこで、「決断のまひ」にエネルギーを奪い取られないよう、毎日の計画作りに役立つ「To-Do トゥデー（今日やること）」という方法を編み出した。**自分のビジョン**、「**習慣リスト**」に続き、先延ばしに終止符を打つための第３のツールになる。

ツール ─「To-Do トゥデー」

私は時に「燃え尽き」の寸前にある人たちを相手にすることがある。あるプロジェクトマネジャーは、時間的に無理な量の仕事を抱えていると話した。処理が追いつかない速さで仕事が舞い込み続け、そのプレッシャーによるストレスでよく眠れなくなり、エネルギーが低下して仕事を効率的にこなせない状態

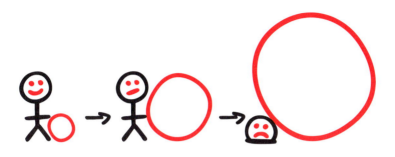

問題に対処しないと、押しつぶされてしまうほど大きく膨れ上がることになりやすい。

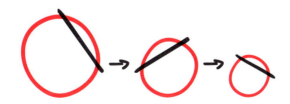

毎日、最も重要な仕事を片付け、新しい仕事を制限し、仕事の一部を人に任せることで、問題の塊を小さくできるようになる。

だという。まるで大きくなり続ける糞の玉を転がし続けるフンコロガシのよう
だと、このマネジャーは言った。もう問題が大きくなりすぎて本当に押しつぶ
されそうだ、と。

　私はこのマネジャーとのセッションで「**To-Do トゥデー**」の方法を使い、そ
の日のうちで最も重要で急ぐべき仕事を片付けていくようにした。そうしてい
くうちに、新しい仕事を制限し、自分でやる必要のない仕事は人に任せられる
ようになっていった。最初に会ってから１カ月後、見違えるようになった彼が
私のオフィスに現れた。よく眠れるようになり、毎日に秩序が生まれて効率が
３倍に上がったというのだった。

「To-Do トゥデー」の方法によって、**生産性**と**効率**を根本的に高めることがで
きる。規律の低下や「決断のまひ」、大変な仕事に対する抵抗感を弱めること
にも役立つ。このツールは、あなたが仕事に取りかかることを後押しするだけ
でなく、最後までやり遂げるうえでの力にもなる。

　仕事の管理には、様々なリストやツール、手法（ＧＴＤやＺＴＤ[†]のよう
な）が使われている。私たちは数年かけて100種類以上のツールやプログラム、
アプリを試し、それぞれの最大の利点を見極めた。そして、それを神経科学や
人間のモチベーション、効率に関する最新科学の知見と融合させた。それが
「To-Do トゥデー」だ。

（†）GTD＝Getting Things Doneの頭文字で、デビッド・アレンが同名の著書で提唱した手法。ZTD＝Zen to
Doneの頭文字で、レオ・バボータが同名の著書で提唱した手法。

この方法の最大の特徴は、**リストを使わない**ことだ。代わりに、あなたに必要な情報をビジュアルにはっきりと示す「マインド・マップ」を使う。視覚野は脳の中で最も発達した部位なので、この方法は脳にとっても違和感が少ない。

　リストは線形なので、それぞれの仕事の関係や優先順位、一時的なつながりがわかりにくい。リストには他にも短所がいくつかある。まず、長いリストを作りがちになってしまうこと。そのせいで抵抗感が生じて先延ばしが起こりやすくなり、「決断のまひ」にもつながる。このような理由で、リストをどこかにしまい込んだり、使うのを完全にやめたりしてしまうことになりやすい。「To-Do トゥデー」は、そうしたリストの欠点を克服する。

　自分がこなせる仕事の数を増やすには、どうすればいいのか。仕事に対する抵抗感を弱め、「決断のまひ」を避けるには？　１日の計画の立て方を覚え、精神的な落ち着きを高められるようになるには？
「To-Do トゥデー」は、日々の仕事の管理に使える総合的ツールだ。丸ごと利用することも、その原理を自分がすでに使っている管理手法の改善に生かすこともできる。

「To-Do トゥデー」の使い方

　次の10項目の指針によって、１日にこなせる仕事の量を大きく増やせる。自分の「象」を怖がらせたり、「決断のまひ」に陥ったり、ひどい疲れを感じたりすることなく、毎日を最大限に充実させることができる。

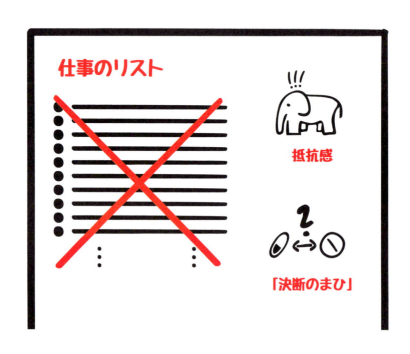

仕事の計画を立てるうえで、リストは最善の方法ではない。リストが長くなるほど抵抗感が強まり、「決断のまひ」に陥りやすくなる。

- **仕事を書き出す**：その日にしたいと思っている仕事をすべて紙に書き出す。順番はランダムでいい。

- **それぞれの仕事に具体的で前向きな名前をつける**：こうすることで、その仕事に必要なものを想像しやすくなり、したがって抵抗感が薄れる。たとえば、ただ漠然と「整備士」と書くよりも「整備士を呼ぶ」と書いたほうが、能動的な気持ちになれる。また、仕事の細部まで頭の中で思い描ければ、不確かさから生まれる不安がなくなる。

- **大きな仕事は分割し、小さな仕事は1つにまとめる**：1つの仕事が30〜60分で片付くようにする。もっと大きな仕事は小さな仕事に切り分ける。複雑な仕事は「象」を怯えさせ、したがって避けようとすることになる。大きな仕事を分割することで抵抗感が大幅に薄れ、先延ばしが起こりにくくなる。

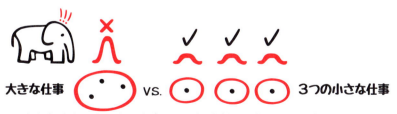

大きな仕事は小さな仕事よりも抵抗感が強くなる。したがって、大きな仕事を一口サイズに切り分けることを覚える必要がある。

ごく小さな仕事（たとえば「メールを1通書く」）は1つに束ね合わせる（「メールを全部書く」や「いちばん重要な20通のメールを書く」というように）。関連する仕事を一度に片付けることで連続性が生まれ、1日の流れがスムーズになる。

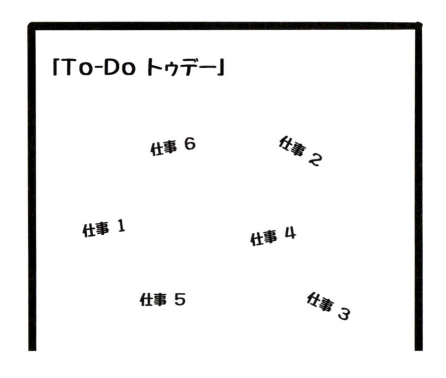

●**優先順位で色分けする**：いちばん優先度の高い仕事（重要で急ぐ仕事）を赤い丸で囲む。中間レベルの優先度の仕事（重要だが急ぐ必要はない仕事）は青い丸、いちばん優先度の低い仕事（今日中にやらなくてもいい仕事）は緑の丸で囲むようにする。

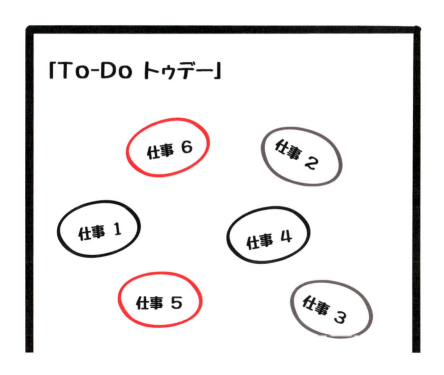

本書では青を●、緑は●で表す

- **1日の道筋を決める**：最も効率的に片付けられる順番を考えて、それぞれの仕事を矢印で結ぶ。認知リソースがフレッシュな状態にある1日の初めに、いちばん優先順位の高い仕事をする。難しい仕事の後にやさしい仕事をするという順番だ。あらかじめ順番を決めておけば、次に何をするかを考えあぐねて時間を無駄にすることはなくなる。

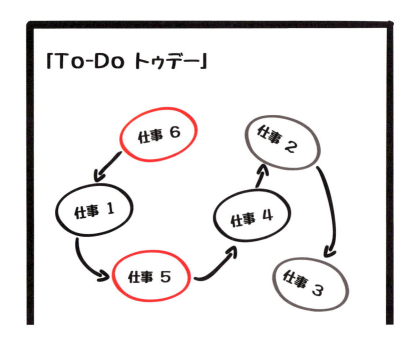

●**時間の見当をつける**：それぞれの仕事に時間を割り振り、始める時間と終える時間を決める。そして、重要な会議と同じように時間厳守に努める。最初は難しいかもしれないが、慣れるにつれて時間の見当はつきやすくなる。始める時間をはっきり決めておくことで、実際に取りかかりやすくなる。要するに「取りかかれば半分終わったも同然」なのだ。

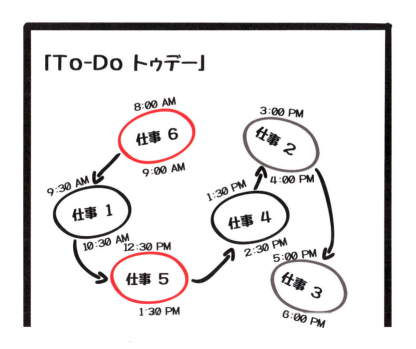

●**1つのことだけに集中する**：1つの仕事に取りかかったら、それだけに集中しよう。メールの着信通知も携帯電話もオフにし、同僚にも邪魔しないように頼む。気が散らないようにデスク周りも整理し、1つの仕事に集中することで「フロー状態」に入りやすくなる。

●**終わりにすることを覚える**：1つの仕事が終わったら、「To-Do トゥデー」の中のそれを斜線で消し、それで終わりにする。実際に1日の仕事をすべて消してみれば、このステップの重みが理解できるだろう。

●**認知リソースを補充する**：前もって仕事と仕事の合間に短い休憩時間を取っておき、エネルギーを回復できるようにしよう。外に出て少し歩いたり、公園に行ったりするのもいい。果物やジュースで糖分の補給もできる。脳を少し休めよう。数分間の休憩が集中力とエネルギーの維持につながる。気が向いたときに休憩するのではなく、予防的な対策として1日の休憩時間を決めておこう。

●**「To-Do トゥデー」の作成を習慣化する**：前の晩に次の日の「To-Do トゥデー」を用意しておくのが理想的だ。明日の見通しが立っていることで睡眠の質も大きく高まる。朝一番に作成してもいい。「To-Do トゥデー」の最後の仕事を「明日の『To-Do トゥデー』作成」や「『習慣リスト』への記入」に

するのもいい。あるいは「To-Do トゥデー」の準備を「習慣リスト」の項目にすれば、忘れることもなくなる。

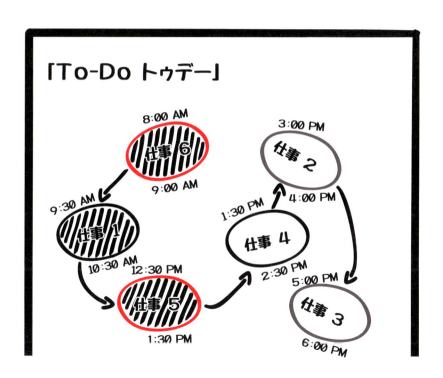

このツールの拡張法

●**朝一番に**：認知リソースは1日の初めが最高の状態なので、最も重要な（おそらく最も気が重い）仕事を朝一番にすることをお勧めする。その仕事を片付ければ、後の仕事は楽に感じられる。

●**「To-Do オール」**：「To-Do トゥデー」は、次のセクションで説明する「To-Do オール」の一部として使うこともできる。

●**2つの道筋**：他の人の仕事を待つ必要がある仕事、あるいは予定外の仕事に対応しようとする場合には、「To-Do トゥデー」の中に2つの道筋を書いておくことをお勧めする。2つめの道筋に正確な時間は必要ない。状況に応じて「プランB」に進めるようにしておくわけだ。

「To-Do トゥデー」が効果を生む理由

●**実体性とシンプルさ**：「習慣リスト」や自分のビジョンと同じように、「To-Do トゥデー」も紙に書く。先延ばしを克服するためには、最大限にシンプルな方法であることが極めて重要な意味をもつが、「To-Do トゥデー」はその条件を満たしている。アントワーヌ・ド・サンテグジュペリがこう言っている。

「完璧が達成されるのは、もう加えるものがなくなったときではなく、もう削

るものがなくなったときである」

●**ビジュアル性**：優先順位の色分けによって、何をいつするのか、その日の状況を一目でつかめる。ビジュアルに道筋が示されていることで、「決断のまひ」が避けられる。

●**頭の掃除**：仕事を紙に書き出すことで、脳の負担が減る。人間の脳は一度に

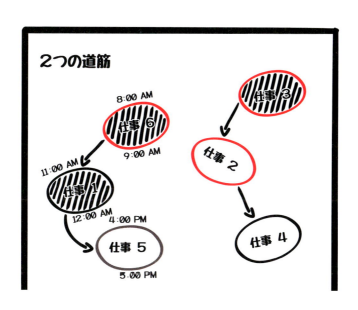

6つのことを記憶に留められる。[*65] そのスペースが「仕事の予定」で埋められてしまっていては、効率良く働き創造的に考える能力をフルに発揮できなくなる。

起こりやすい問題

●**自分の能力の過信**：「To-Do トゥデー」は、４つか５つの仕事から使い始めるのがいい。仕事の数が多すぎて達成できなくなっては意味がない。経験を重ねていくにつれて、自分にとって最適な数がわかってくるはずだ。

●**時間の読み違い**：時間を設定する際には、予備の時間を少し取っておこう。予定より早く仕事が片付いたら、少し休憩を取ってから次の仕事に早めに取りかかる。仕事を終えるのが予定時間より遅れた場合にも、休憩は取るようにする。時間の見当も経験を重ねるうちに正しくつけられるようになる。

●**追加の仕事**：突然、急ぎの仕事が舞い込んできたら、すぐに対応して「To-Do トゥデー」は迂回すればいい。最悪の場合には「To-Do トゥデー」を作り直す。数分かけるだけで、その日の時間を有効に使えるようになる。

「To-Do トゥデー」の使い方

1) その日に片付けたい仕事をすべて紙に書き出す
2) それぞれの仕事に具体的で前向きな名前をつける
3) 大きな仕事は切り分け、小さな仕事は1つにまとめる
4) それぞれの仕事を優先度の高い順に「赤」「青」「緑」の丸で囲む　●　●　●
5) 自分が進めたい順に仕事を矢印で結ぶ
6) それぞれの仕事の開始時間と終了時間を決める
7) 1つの仕事を始めたら、それだけに集中する
8) 1つの仕事を終えたら、それを斜線で消す
9) 仕事と仕事の合間に休憩を取り、認知リソースを補充する
10) 「To-Do トゥデー」の作成を毎日の習慣にする!!!

追加のヒント

＋) 最も気の進まない仕事を朝一番にする
＋) 「To-Do トゥデー」は「To-Do オール」（後述）の一部として使える
＋) 予定した道筋を進めなくなった場合に備えて、2つめの道筋を用意しておく

本書では青を●、緑を●で表している。

ツール ──「To-Do オール」

「システム」という言葉は時に人を怖がらせる。私はある経営者から、自分は何も計画を立てないと聞かされたことがある。問題が燃え上がってから火を消せばいいというのだった。しかし、そのせいで彼の会社に問題が生じていたのは明らかで、業績を伸ばすライバル企業に太刀打ちできない状態になっていた。最初の成功は運で、今はどうすれば会社を再び成長させられるのかわからないと、彼は吐露した。

　私の経験では、成功を手に入れるには信頼できる「システム」が必要だ。シンプルで広く応用が利き、安定性も高いシステムが理想的だ。ここでは、私たちが編み出したシステム、「To-Do オール」を紹介する。

　前のセクションで説明した「To-Do トゥデー」は、別のツール「To-Do 」マップや「アイデア」マップ、「カレンダー」などと併用でき、これらと一体化させることで、総合的な時間管理システムの「To-Do オール」になる。このシステムは、ごくシンプルでありながら汎用性が高い。これから先延ばしとの戦いを始めようという人にも、大きなプロジェクトを管理するマネジャーにも役立つ。このシステムの土台になるのは、毎日の計画に役立つ「To-Do トゥデー」だ。詳細は前のセクションで説明したとおりだ。

　このシステムの第2の部分は「To-Do 」マップで、その日以外の仕事まで含む。このツールは、これからしなければならない仕事をすべて入れておく倉庫

のようなものだ。たとえば長期的なプロジェクトに関係する仕事や、何かを待っている状態にある仕事だ。「To-Do トゥデー」とほぼ同じだが、紙が何枚にもなる場合もある。また、それぞれの仕事を矢印でつなげたり、時間や優先順位を決めたりする必要もない。

第3の部分は「**アイデア**」マップだ。ここに入るのは自分のアイデア——忘れては困るが「To-Do トゥデー」や「To-Do」マップには入らないアイデアだ。大事なアイデアを1つの場所に保管することで、見つからなくなったというような問題を防げる。見かけは「To-Do」マップとそっくりで、紙が何枚にもなりうることも同じだ。

そして、最後の部分は「**カレンダー**」で、人と会う約束や会議など時間に縛られる仕事だけを入れる。

「To-Do オール」システムの使い方

「To-Do オール」システムの作成と更新に必要な時間は1日たったの数分だ。

● **準備**：翌日の「To-Do トゥデー」を作るときには必ず、「To-Do」や「アイデア」「カレンダー」の中から仕事を選ぶようにするべきだ。「To-Do トゥデー」に移した仕事は、元のリストから抹消するようにする。つまり、このシステムでは1つの仕事は1カ所だけに存在することになる。

●**実行**：「To-Do トゥデー」の中で終えた仕事は斜線で消す。すべての仕事を終えられなかった場合には、残った仕事を「To-Do」に移すか翌日の「To-Do トゥデー」に入れる。

「To-Do オール」システム

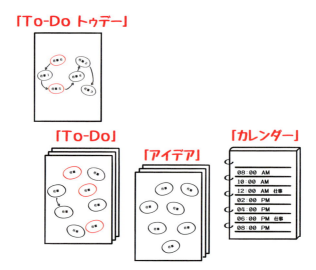

●フォルダー：「To-Do トゥデー」「To-Do」「アイデア」は、それぞれの紙をすべて1つのクリアファイルに入れておくと便利だ。「To-Do トゥデー」をいちばん上にして見えるようにする。今日やる仕事だけが目に入るようにして、すべての仕事の山に気後れしてしまうような状態を防ぐわけだ。

「To-Do トゥデー」の作成

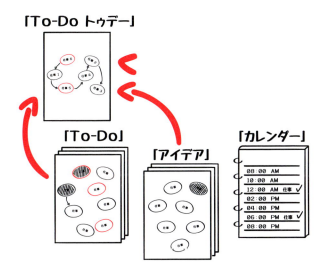

「To-Do オール」

今日やる仕事だけが目に入るようにしておけば、仕事の山を見て気後れするような状態を防げる。

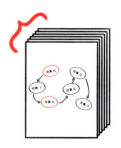

新しい仕事にどう対処するか

　当日になって急に**新しい仕事**ができた場合には、次のような方法で対処できる。

●**すぐに取りかかる**：新しい仕事が極めて重要（火急の用件）であれば、すぐに取りかかる（つまり火を消す）。何分かで片付けられる仕事である場合も、すぐに対処するべきだ。

●**「To-Do トゥデー」に加える**：今日中にやらなければならない仕事であれば、「To-Do トゥデー」に付け加える。

●**「To-Do」に入れる**：今日中にやる必要がなければ、「To-Do」に入れて翌日

以降にする。

●**「カレンダー」に書き込む**：会議のように時間が決まっているものであれば、「カレンダー」に書き込む。

●**「アイデア」に付け加える**：それほど重要な仕事ではないが忘れないようにしたいという場合には、「アイデア」に入れておくこともできる。

●**人に任せる**：新しい仕事ができた場合には、まず誰かに任せられないかを考えるべきだ。

●**切り捨てる**：上のどれにもあてはまらない仕事は、きっぱり切り捨ててしまうこともできる。長期的なメンタルヘルスの向上には「ノー」と言うスキルが重要だ。

システムを拡張する方法

●**期限**：「To-Do」マップの中の仕事でも、期限を設定することが効果を生む場合がある。「To-Do トゥデー」の時間と同じように日付を書き入れる。

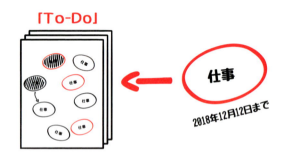

「To-Do」の中の仕事に期限を書き込むこともできる。

新しい仕事への対処

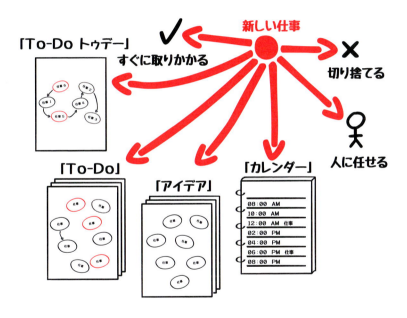

●人の仕事の管理：管理職の立場にある人は、仕事の保管場所をもう1つ作っておくのがいい。私たちは、それを「マネージ」と呼んでいる。「To-Do」と同じように1枚または複数の紙に仕事を書き込んでおく。ここに入れるのは、あなたではなく人がやる仕事なので、それぞれに担当者の名前と期限を書いておくといい。

「マネージ」マップには、人に任せる仕事をすべて書き入れる。担当者の名前と期限を書いておくといい。

「To-Do オール」システムが効果を生む理由

●ビジュアル性と実体性：「To-Do オール」は紙という実体とビジュアル性を兼ね備えたシステムなので、はるかに永続的な効果を生みやすい。

●すべてを1カ所に集約：すべての仕事を1つのフォルダーに集約して管理することで、他に忘れてしまっているものはないと安心できるし、周りから信頼される存在にもなる。

●**シンプルさ**：このシステムは、カレンダー１つと３枚の紙だけでも成り立つ（「To-Do トゥデー」「To-Do」「アイデア」の３枚）。これほどシンプルでありながら、大きなプロジェクトの進行管理にも使える。

起きやすい問題

●**混乱**：このシステムに生じうる最大の問題は、紙が他の書類などに紛れ込んでしまうことだ。したがって、「To-Do オール」に関係する紙だけを１つのフォルダーに保存しておいたほうがいい。そして、状況に応じて再整理をするようにする。見直すことで精神的な落ち着きも取り戻せる。

これで、先延ばしとの戦いに使える３つの主要なツールを紹介した。**自分のビジョンはモチベーション**につながる。「**習慣リスト**」は、あなたの「象」を意のままに動かし、意志力の筋肉を強めるのに役立つ。そして「**To-Do トゥデー**」は、「決断のまひ」をなくして毎日前進していくことに役立つ（「**To-Do オール**」のシステムの一部としても利用できる）。これで、あなたの生産性と効率は大きく高まるが、これらのツールを最大限に活用するには、もう１つの極めて重要なスキルを身につける必要がある。それは、自分のコンフォート・ゾーン（心地良い状態）から踏み出す方法を覚えることだ。

群集のコンフォート・ゾーン
── 悪が生まれる場所

ある日のこと、私は新聞を読んでいて、最も名高い心理学者の1人であるフィリップ・ジンバルドー教授が私たちの町に来ることを知った。私たちは、ジンバルドー教授の研究や著書から大きな刺激を受けてきた。私は教授に会いたいと思い、気後れを振り払って手紙を出した。そして、私たちは会ってもらえることになった。

そして教授との話は、もっぱらその「気後れを振り払う」ことが話題になった。私は教授の話に目を見開かされた思いで、自分のビジョンが大きく高まる結果につながった。教授は「日々のヒーロー」になる方法を教えてくれたのだ。

邪悪な人々の頭の中はどうなっているのか。自分が刑務所の看守だったら、どう振る舞うだろうか。悪事を働く人たちとヒーローのように行動する人たちがいるのは、なぜなのか。ジンバルドー教授は生涯を通じて、このような疑問に答えることに専念してきた。その研究は、善良な人が環境次第でひどいことをするようにもなることを示している。それは誰にも起こりうることなのだ。

有名な**スタンフォード監獄実験**は、被験者の募集に応募してきたボランティア学生のなかから最も平均的で健康的な人たちを選び出した。そして大学の地下室を刑務所に仕立て、学生たちを看守役と受刑者役に分けた。するとわずか2、3日で、看守たちは受刑者をとても手荒く扱うようになった。受刑者役に

なった学生たちは辱めを受けて精神的に虐待され、ひどい懲らしめ方をされるようになった。そのせいで実験は中止を余儀なくされた。

　ジンバルドー教授は心理学者として、イラクの**アブグレイブ**刑務所での虐待問題にも対処した。収監されていたのはイラク人捕虜で、看守はアメリカ兵だった。アメリカ兵の看守はイラク人捕虜を極めて残酷に扱い、虐待は長期間続いていた。何が人々を邪悪にしてしまうのか。[67]

　ジンバルドー教授の研究は、「群集心理」がいかに強い影響力を及ぼしうるかを示している。[68]人間は、他の人がしているからという理由でひどいこともする。群れから離れた場合に受ける圧力や居心地の悪さを避けようとするからだ。つまり、悪い人間だからというのではなく、悪い人たちの集団から離れること、あるいは集団に反抗することができないのだ。アルベルト・アインシュタインは、こう言ったという。

「世界は邪悪なことをする人々によってではなく、何もせずにそれを見ている人々によって破壊されるだろう」

　群集心理は、ホームレスの人がホームレスのままでいる原因にも絡んでいる。仕事を見つければ、ホームレスの仲間から裏切り者だと見なされることになってしまうのだ。

　多くの人は群れから離れることに不安を感じ、悪い方向に進んでいても、そのままついていってしまう。哲学者のエドマンド・バークがこう言っている。

「悪が勝つことに必要なのはただ１つ、善良な者たちが何もしないことだ」

人は本質的に悪なのではない。邪悪な行いは、悪い人々の群れから離れる勇気がないということの副次的な産物である。

それでも群れを離れて、間違っていると言える人もいるのは、なぜなのか。車の事故を見ても素通りしてしまう人たちがいる一方で、止まって助けようとする人がいるのは、どうしてか。群れを離れることは、ジンバルドー教授が「ヒロイズム」と呼ぶ能力の表れだ。

　スタンフォード監獄実験では、ジンバルドー教授の同僚のなかから「ヒーロー」が現れた。群れから外に踏み出し、もう実験は収拾がつかない状態であるため中止するべきだと、教授に言ったのだ（ちなみに、この女性は後にジンバルドー教授の夫人になる）。アブグレイブ刑務所では、若い兵士が「ヒーロー」となり、刑務所の中の実態を内部告発した。

　ジンバルドー教授は私たちに、誰でも訓練で「ヒロイズム」を身につけられると言った。少しずつ積み重ねていくことによってだ。教授の研究は、人はヒーローに生まれつくのではなく、ヒーローに育っていくのだということを示している。[69]

ツール ――「ヒロイズム」

「ヒロイズム」という言葉は普通、並外れた行動について使われるが、実際には毎日使うスキルを表す言葉として使える。地下鉄の線路に飛び降りて人の命を救うのも、先延ばしを克服するのも根本は同じで、**コンフォート・ゾーンから踏み出す**というスキルだ。

　私たちの誰もがコンフォート・ゾーンをもっている。コンフォート・ゾーンには温かいベッドの中という**物理的**な状態と、群れの中でみんなと同じことをしているという**社会的**な状態がある。自分のビジョンを実現するうえで最も重要なことの大部分は、あなたのコンフォート・ゾーンの外にある。アルベルト・アインシュタインがこう言ったという。

「群れについていく人は普通、群れよりも先へは行けない。独りで歩く人は、誰も行ったことのないところへたどり着くことになりやすい」

　朝起きるには、目覚まし時計のアラームを止めて心地良いベッドから出る必要がある。事故に遭った人を助けたければ、車を止めて外に出て行動する必要がある。誰かと知り合いになりたければ、まず話をする必要がある。意義ある充実した人生を送りたければ、先延ばしを断つ方法を身につける必要がある。

　快楽適応が起こるために、どんなコンフォート・ゾーンにも慣れが生じる。世界でいちばん寝心地のいいベッドにもぐり込んでも、何日か経てば、それが当たり前になってしまう。したがって、自分のコンフォート・ゾーンの外に出

ることが幸福への重要な一歩になる。自分自身を克服することを覚えれば、あなたの脳の報酬中枢が活性化しやすくなり、ドーパミンの分泌が増えることになる。*70

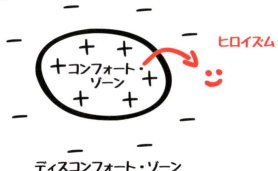

「ヒロイズム」は、自分のコンフォート・ゾーンから離れられる能力の表れだ。それができるようになれば、脳内でドーパミンの分泌が増え、幸福感が高まる。

「ヒーロー」になることを覚えるのが、規律を高めるもう1つのカギだ。私たちは「ヒロイズム」を「マイクロハビット」と呼んでいる。習慣（ハビット）が毎日一度することを指す言葉であるのに対し、マイクロハビットは常に心がけておくべきことを指す。「ヒロイズム」を身につけていくにつれて先延ばしが減っていき、自分のビジョンの実現に近づいていく。

「ヒロイズム」を高めるには

ジンバルドー教授は私たちと話をしたとき、私のマーカーを使って自分のおでこに大きな黒い印をつけた。「ヒロイズム」を高めるための簡単な方法を示そうとしたのだ。自分のおでこに黒い印をつけたまま1日を過ごしてみる。そのまま街を歩き、バスに乗り、買い物をし、人と話をする。奇異な目で見られるが、それも次第に気にならなくなっていく。人と違う状態であることに慣れるからだ。周りから感じる圧力が少しずつ薄れ、自分のコンフォート・ゾーンから踏み出すことに慣れて、群れとは別の存在になることを覚えるのだ。教授は私たちに、「ヒーロー」は常に一種の**はぐれ者**であるということを教えてくれた。

ジンバルドー教授の言う「ヒーロー」は、群れから離れて最初に行動を起こす。それができるのは、群れから離れた別の存在であることに伴う感覚に負けない自分をつくり上げているからだ。

真の「ヒロイズム」は、誰も見ていないときに発揮される。先延ばしが起こ

るのは、たいてい人の目がないときだ。それに打ち勝つには、自分が自分自身の前で「ヒーロー」になることを覚える必要がある。「人格とは誰も見ていないときに何をするかだ」と言われるが、まさにそのとおりである。「ヒロイズム」は常に心がけるべき「マイクロハビット」だ。

では、具体的にどうすればいいのか。答えは、できる限り自分のコンフォート・ゾーンから踏み出すようにすることだ。自分自身に命令を下し、それに従う。たとえば、バスの中で隣に座っている人に話しかけてみるなど、その時々の状況の中で自分にとって抵抗感が大きいことをあえてやってみるようにする。「ヒーロー」になるチャンスが来たら、それを逃さず、サムライの**3秒ルール**を実践し、心臓が5回拍動する間に行動するのだ[*71]。考え始めてしまうと、脳がコンフォート・ゾーンにとどまることを正当化しやすくなる。

自分を「ヒーロー」にしていく訓練には、「To-Do トゥデー」の説明の中で紹介した「**朝一番**」の方法を活用できる。毎朝、気が進まないことからその日を始めることで終日、ヒロイックな行動が促されやすくなる。私の場合で言えば、朝起きるとすぐに運動をしてから冷水シャワーを浴びることで、自分を「朝のヒーロー」にしている。

自分自身の「ヒロイズム」を高めていくにつれて、生活の中で実際に重要な行動を起こすことも増えていく。「ヒーロー」になることは、本当に充実した人生を送るうえで最も重要な前提の1つになる。ジンバルドー教授はこう総括した。

著者ピーター・ルドウィグとフィリップ・ジンバルドー教授

「あなたの生活の核心には、突き詰めると２種類の行動がある。実際にした行動と、しなかった行動だ」

「**ヒロイズム**」は、この本の４つめの重要なツールだ。**自分のビジョン**、「**習慣リスト**」「**To-Do オール**」システムとともに、総合的に先延ばしと戦う方法を構成する。

　４つのツールは、たとえば次のように一体化する。自分のビジョンによって、「習慣リスト」に入れるべき習慣と「To-Do トゥデー」に入れるべき仕事が決まる。「習慣リスト」には「自分のビジョンを読み上げる」や「『To-Do トゥデー』の作成」を入れることができる。「To-Do トゥデー」の最後の仕事を「『習慣リスト』の記入」にしてもいい。そして最後に、「ヒロイズム」が他のツールの効果を最大限に高める。

1. 自分のビジョン
時間の価値
「内なる旅に基づくモチベーション」

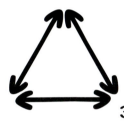

2.「習慣リスト」
「象」を訓練する
習慣化

3.「To-Do オール」
「決断のまひ」
時間管理

4.「ヒロイズム」
コンフォート・ゾーン

この章のポイント── 規律

先延ばしの最大の原因は、自分が自分の命令に従うという**自己統制**の不足である。

自分自身の命令に従えないことは、論理的な思考をつかさどる脳の新皮質（あなたの「**象使い**」）が命令を出しても、それよりも強い感情的な大脳辺縁系（あなたの「**象**」）が聞こうとしないからである。

自己統制は「象使い」のエネルギーのレベル、いわば意志力の筋肉である**認知リソース**に依拠する。認知リソースは1日を通じて補充することができ、その容量を長期的に高めていくこともできる。

認知リソースを**補充**するために、あらかじめその日の予定に休憩時間を組み入れておくべきだ。5分間歩いたり、果物を食べたり、フレッシュジュースを飲んだりするといい。認知リソースを強化するには、新しい習慣を少しずつ増やしていく必要がある。

「**習慣リスト**」は、新しい習慣を身につけるのと同時に悪い習慣を断つことにも役立つ。「**カイゼン**」の手法を生かすことが大事で、小さなステップが大きな変化へとつながる。

「**決断のまひ**」は自己統制の不足に次いで、認知リソースを枯渇させる第2の原因である。1日を通じてスムーズに決断を下せれば、それだけ仕事に使えるエネルギーが増える。

「**To-Do トゥデー**」は毎日の仕事の予定を決めるのに役立つ。仕事の優先順位や時間、順序が定まることで、「決断のまひ」がずっと起こりにくくなる。

「**To-Do オール**」システムは「To-Do トゥデー」の拡張版で、「**To-Do**」「**アイデア**」「**カレンダー**」というツールを用いる。これらが一体となって仕事と時間の管理システムとなる。

「**ヒロイズム**」を身につけるには、自分の社会的・物理的な**コンフォート・ゾーン**から踏み出すことを覚える必要がある。自分のコンフォート・ゾーンから出られるようになれば、充実した人生を送ることに大きく近づける。

規律は、自分のビジョンの実現に向かって進むうえで役立つ能力である。規律は先延ばしの対極にある。

ここでもう一度、あなたの**規律**とツールの活用について自己評価してみよう。折に触れて再評価することをお勧めする。「**習慣リスト**」と「**To-Do オール**」システム、「**ヒロイズム**」というツールの活用に関して評点が上がるにつれ、自分の規律が高まっていることに気づくだろう。

1〜10

規律
ツール：「習慣リスト」
ツール：「To-Do オール」
ツール：「ヒロイズム」

成果
OUTCOMES

幸福を感じ、
それを維持するには

How to find happiness
and also keep it

休職中だった長年の同僚と、カフェで会って話をしたときのことだ。その同僚は盲腸の手術をしたばかりで、「すべてが無意味なんだ。もう会社を辞めて、どこかで事務の仕事をしようと思う」と、気持ちがひどく落ち込んでいることを打ち明けた。結論を出すのは急がずに、また会って話をしようということになった。燃え尽き症候群のように見えた。

　おそらく誰でも一度は、今の生き方とは別のところに幸せがあるのではないかという思いにとらわれた経験があるはずだ。快楽適応に関する研究は、幸福へのカギは物質的な豊かさや目標ではなく「旅」の中、つまり自分自身のビジョンを実現する過程にあるということを示している。*72 自分の能力を生かし、自分にとって意義のあることをしながら毎日を過ごしていれば、「フロー状態」に入ることができる。そのフローによって、自分が求めている**成果**――感情と実体の両面における成果――に到達しやすくなる。

　そうした活動は脳の報酬中枢を刺激し、ドーパミンの分泌につながる。これは**感情面の成果**だ。それと同時に、自分で設定した目標に到達し、仕事における本当の結果が目に見えるようになると、**実体的な成果**が達成される。

自分のビジョンの実現に向かって毎日前進していても、歩調を乱されて突然、不幸感にさいなまれることも起こりうる。外的な悪影響や何らかの失敗、あるいは過去の失敗の記憶がよみがえり、調子を乱されることがいちばん多い。特に外的な原因は見当たらないのに脳内で化学的な変化が起こり、気持ちが落ち込むことも起こりうる。[*73] 自分を「フロー状態」に導いていた活動をやめてしまったことで、調子が狂うということもありうる。

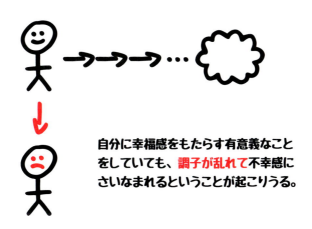

自分に幸福感をもたらす有意義なことをしていても、調子が乱れて不幸感にさいなまれるということが起こりうる。

　冒頭の同僚の話に戻って、彼の不幸感の原因はフローの不足ではないかと私は考えた。彼はかなりの間、自宅で１人きりで休んでいた。クライアントへのコンサルティングをしなくなり、人と交わることもなくなっていたのだ。とて

も社交的な人であるだけに、そんな生活で感情的に乾いた状態になってしまっていた。2人で話をしてから数日後、彼に笑顔が戻るようになっていた。それでは、何が再スタートをもたらしたのか。

この章では、「インナースイッチ」というテクニックについて説明する。ネガティブな感情をポジティブな感情に変える方法だ。落ち込みを乗り越え、幸福感を取り戻すことにも効果がある。もう1つのツールとして、永続的な幸福感の維持に役立つ「フローシート」も紹介する。そして最後に、「ハムスターからのリスタート」ボタンについて説明する。これは、あなたの自己開発のシステム全体を再起動させるための方法だ。

この章で紹介するツールを使うことによって、**感情のバランス**が改善し、自分の潜在能力を効果的に発揮できるようになる。幸せな人に先延ばしは少ないのだ。

ネガティブな感情はどこから生まれるのか

脳の「扁桃体」は、人間の脳の中で最も古い部位の1つだ。私たちが認知するあらゆるものに潜む危険を察知する。今から数十万年前、私たちの祖先の扁桃体はサバンナの草が揺れる音を聞いて危険を察知し、強いネガティブな感情を引き起こすことによって、逃げるという反応を生み出した。扁桃体は早期警

戒システムとして働き、私たちの生存の可能性を高めているのだ。[*75] 生存に関しては、扁桃体が間違いを犯して警報が誤作動しても大した問題にはならない。命に関わるのは、危険が存在するのに反応しなかった場合だ。

　扁桃体は、潜在的な危険を強調するように進化した。[*76] 現代において、この脳の性向につけ込んでいるのがメディアだ。新聞やテレビで報じられるニュースの大部分が悪いニュースであることには、それなりの理由がある。扁桃体が潜在的な危険に強く反応するために、悪いニュースのほうがはるかに関心を引きやすい。今や多くの人がネガティブな情報を大量に浴びる状態にあり、脳が悪いニュースに反応するように訓練されて良いニュースを無視するようになる。こうして不幸感が増す一方の「学習性悲観論者」になっていく。

脳の扁桃体はネガティブな刺激に強く反応する。その刺激が多いと、ポジティブな刺激を無視するようになり、次第に幸福感が薄れていく。

ネガティブな人たちは、無意識のうちに周りの人にネガティブな感情を拡散していることが多い。金曜夜のパブをのぞいてみればいい。あれやこれやと、誰もがこぞって愚痴をこぼしているのが見られるはずだ[1]。ネガティブな感情はポジティブな感情よりも人にうつりやすいという扁桃体の働きがある。ネガティブな感情は他の人たちに広がっていき、最後には元の人のところに跳ね返ってくることになる。この「**フィードバック・ループ**」によって、ネガティブな感情はさらに強まる。

（†）筆者注：文句を言うことが自分のビジョンなのかと思えてしまうような人たちもいる。しかし、文句を言うだけでは何も変わらないので、たいていの場合、状況がさらに悪くなるだけだ。

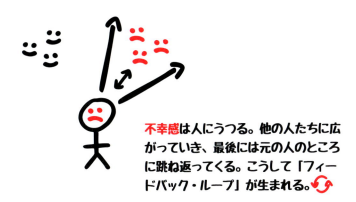

不幸感は人にうつる。他の人たちに広がっていき、最後には元の人のところに跳ね返ってくる。こうして「フィードバック・ループ」が生まれる。

　私たちは歴史上最も豊かな時代に生きているが(†)、ネガティブな感情は感染力がとても強いために不安の海に溺れ、すべてが狂っているように思い始めてしまう人もいる。集団的な悲観ムードは、うつ病につながりうる「学習性無力感」を引き起こす恐れがある。*77

　ネガティブな感情をうつされないようにするには、どうすればいいのか。ど

（†）筆者注：私たち以前の時代に生きた1000億人以上*78の人たちは、今のような水道や医療、教育、テクノロジーなどの恩恵にあずかっていなかった。今の私たちの世界も完全ではなく問題を抱えているが、過去の時代から見れば多くの面で比べものにならないほど恵まれている。

うすれば学習性無力感のループを避けられるのか。今の世界の利点をもっと生かせるようになるには？　幸福になるだけでなく、幸福であり続けるためにできることは？

　この章ではまず、学習性無力感のループが生まれる仕組みを説明し、それを克服する方法を紹介する。それにはまず、自分の意識をネガティブな刺激でなくポジティブな刺激に向けるようにする必要がある。

自分の意識をネガティブな刺激からポジティブな刺激に移すことを覚えれば、**幸福感の向上**につながる。

学習性無力感のサイクル

　マーティン・セリグマンの研究は、ほんのいくつかのネガティブな刺激から、すべてが暗い状況でどうすることもできないという絶望感が生じうることを示している。[*79] この思い込みのせいで無力感にとらわれてしまう。うつ病になったり、人生に絶望してしまったりすることも起こりうる。

　ハムスターを箱の中に入れ、透明な蓋をかぶせるという実験がある。[*80] ハムスターは箱から飛び出そうとする。最初の日、ハムスターは飛び上がっては蓋にぶつかることを繰り返す。しかし次の日になると、飛び上がり方が少し弱くなる。

最初の日、ハムスターは飛び上がっては透明な蓋にぶつかることを繰り返す。しかし次の日になると、飛び上がり方が少し弱くなる。

そして何日かすると、ハムスターは完全にあきらめる。この状態になると、もう蓋を取ってもハムスターは飛び上がろうとしない。初めの頃の経験から、逃げ出すことはできないと思い込んでしまっているのだ。この状態が**学習性無力感**で、私たちの身にも起こる。無力感の典型は、不幸感や「自分には無理だ」という気持ちだ。私たちは、この状態を「**ハムスター**」と呼び、「**ハムスターを抱えた**」とか「**ハムスターになった**」などと言い表している。幸福感を高めるには、「ハムスター」を見つけ出して追い出す必要がある。

　学習性無力感のもう１つの例として、象使いの象がある（ここでは本物の象のことだ）。ねぐらにいるときの象は、ごく細いロープでつながれているだけだ。その気になれば簡単にロープを切って逃げられる。しかし、象は赤ちゃんの頃から同じロープでつながれている。子象では逃げようとしてもロープは切れない。何度も試して失敗したあげく、逃げることはできないと思い込み、もう逃げようとしなくなる。大きくなってからもだ。

何日か経ってから蓋を取っても、もうハムスターは逃げようとしない。学習性**無力感**に陥ってしまったのだ。

小さな頃にロープを切れなかった象は、もう無理だと思い込み、大きくなってからも切ろうとはしなくなる。

　先延ばしの原因のいくつかも、この「ハムスター」にたどることができる。何もせずに時間を過ごしていると、罪悪感が生まれやすい。その罪悪感で自分自身を疑うようになる。疑念は自信の低下を引き起こし、無力感へとつながる。その結果、何もしなくなってしまうというサイクルはループする。かくして先延ばしの「ハムスター」状態に陥るのだ。
「ハムスター」の状態にならないように、折に触れて「蓋」が開いていないか、もう一度飛び上がってみるべき時ではないかと自問しよう。「ハムスター」の状態になってしまったことを自覚するには、どうすればいいのか。

　無気力になって何もしたくなくなるのが、その兆候だ。エネルギーがなくなり、認知リソースが尽きてしまう。自分自身を信じられなくなり、すべてをネガティブに見てしまう。つい最近まで信じていたことも疑うようになるなど、

先延ばしの「ハムスター」のループ

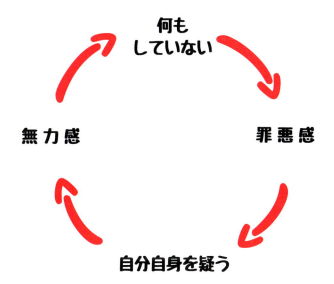

自分の置かれた状況に希望を見いだせなくなる。先延ばしが多くなり、自分をあわれむようになる。

このような気持ちが入り交じるようになっていたら、あなたは「ハムスター」状態に陥っている。自分自身の問題に診断を下すことが、脱出への最初のステップだ。

「ハムスター」と戦うには

「ハムスター」状態を乗り越える方法を知りたければ、アメリカの退役軍人たちが参考になる。退役軍人は、うつ病の発症率や自殺率が高い。それでもハワイ心理学協会のセラピストたちは、退役軍人に対するサポートで成果を上げた。[81]「ハムスター」の克服にも同じ方法を使える。

フィリップ・ジンバルドー教授の研究は、人間の脳が様々な「時間的展望」で機能していることを示している。[82]それによって、あなたが将来や現在について、あるいは過去のネガティブな経験とポジティブな経験について考えるのに、どれだけ時間を費やすかが決まる。一般的に、人々は「未来志向」「現在志向」「ネガティブ過去志向」「ポジティブ過去志向」に分けることができる。

退役軍人の「時間的展望」はどれだったか。彼らは戦時中の体験のせいで、おおむね「ネガティブな過去」にとらわれていた。大半の人が、もう人生の終わりに近づいているという思いにとらわれ、未来に目を向けることがほとんどできなくなっていた。

私たちの脳は4つの「時間的展望」で機能している。
「ポジティブ過去志向」「ネガティブ過去志向」「現在志向」
「未来志向」だ。

　このような心理状態にある人は、「ハムスター」状態に陥ってしまう。ポジティブな過去に目を向けることがほとんどないために、自分を信じることができない。未来に目を向けることが少なすぎるので、内なるモチベーションも生まれない。疑うことや過去のネガティブな体験について考えることに、脳のエネルギーが浪費されているせいで不愉快な気持ちになり、それによってさらに悪い記憶がよみがえる。かくして「ネガティブ過去志向」がますます強まっていく。「ハムスター」状態の長いスパイラルだ。それでは、ハワイ心理学協会のセラピストたちはどのようにして、退役軍人の心理状態を改善したのか。

　最初のステップは、**未来志向を強める**ための手助けだった。時間の大切さを再認識してもらい、その時間を何に使いたいかと問いかけた。そうすることで、退役軍人たちの内なるビジョンに明かりがともった。回想録を書くことにした人や、若い人たちに対する講演に意義を見いだした人もいた。

しかし、内なるモチベーションを高めて未来志向になるだけでは不十分だ。新たなモチベーションで行動を起こしても、それが失敗すれば、さらなるネガティブな経験が付け加わって「ハムスター」を太らせることになってしまう。したがって、**ネガティブな過去と折り合いをつけてポジティブな過去へ移っていくことを助ける必要があった。**

　それでは、次に何をしたのか。セラピストは退役軍人たちを、恐ろしい体験であったにしても、戦争の実態を目の当たりにしたことは将来の戦争の防止につながりうるという考え方に導いていった。つまり、最悪の体験をポジティブに捉えるようにしたのだ。

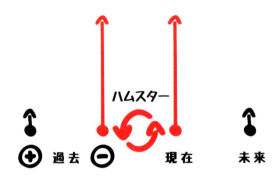

「未来志向」と「ポジティブ過去志向」が弱い人は「現在志向」と「ネガティブ過去志向」が強く、「ハムスター」状態に陥りやすい。

未来志向を強めると同時に、ネガティブなことをポジティブに捉えられるようになれば、モチベーションをテーマにした第1章で説明した状態に入れる。フィードバックのループによって「ハムスター」と正反対の状態、「**フロー状態**」が生まれるのだ。

　未来志向を強めるには、どうすればいいのか。そのカギは**内なるモチベーション**で行動することと、**自分のビジョン**を再確認することにある。未来について考えることが多くなるほど、脳が未来を鮮明に思い描けるようになる。

「ハムスター」のループから抜け出すには
I) 未来志向を強める
II)「ネガティブ過去志向」を「ポジティブ過去志向」に変える

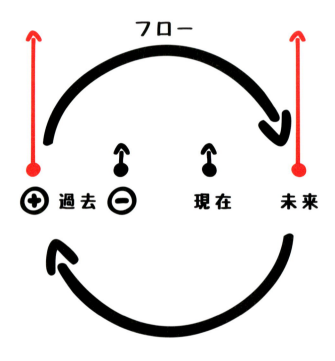

「未来志向」と「ポジティブ過去志向」の間に、フローの
フィードバック・ループが生まれる。

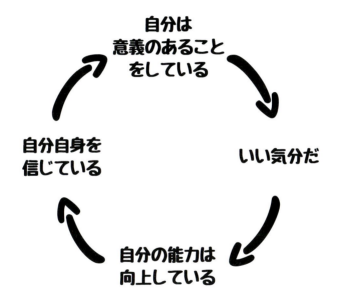

自分の過去に対する見方を変えるには、どうすればいいのか。未来とより良く向き合うには？　ネガティブなことをポジティブに捉えるには？　ネガティブなことをポジティブに変えるために、私たちは「**インナースイッチ（内なるスイッチ）**」という方法を編み出した。

ツール ──「インナースイッチ」

　ヴィクトール・フランクルは20世紀後半の最も名高い精神科医の１人だが、それまでの人生は過酷を極めていた。ユダヤ人のフランクルは最初にテレージエンシュタットの収容所に送られた後、アウシュビッツに移された。ユダヤ人強制収容所の恐怖を生き延びた数少ない生存者の１人だった。その間の経験が後の治療活動に大きな影響を及ぼした。

　フランクルは著書の中で、強制収容所に入れられても希望を失わず、感情のバランスを保った人たちがいたと書いている[*83]。このような体験に基づいてフランクルは後に、**人間は外界の刺激に自由に反応できる**という捉え方の先駆者と

なった。刺激と反応の間にはスペースがあり、私たちはそのスペースの中で刺激に対する反応を選択できるというのだ。

「インナースイッチ」は、ネガティブな刺激をニュートラルに、さらにはポジティブな刺激に意図的に変える働きをする。このスイッチを使えるようになれば、ネガティブな刺激が自動的にネガティブな反応を引き起こすことはもうなくなる。生活上の多くの出来事は自分でコントロールできないが、「インナースイッチ」を入れることで、そうした出来事から受ける影響をコントロールできるようになる。

「インナースイッチ」を入れることで、ネガティブな刺激に対する反応をニュートラルに、さらにはポジティブに変えられる。

前章で説明した「ヒロイズム」と同じように、「インナースイッチ」も常に心がけるべき「**マイクロハビット**」で、訓練によって高められるスキルだ。この方法には３つの使い方がある。まず、**自分自身の失敗に対する見方を変える**こと。次に、**運命のいたずらによる打撃を乗り越える**こと。そして、**ネガティブな過去をポジティブな過去に変える**ことだ。

自分の失敗に対処する

　ＩＢＭのＣＥＯ（最高経営責任者）だったトーマス・J・ワトソンが、こんな言葉を残している。「成功したければ、失敗率を２倍にすることだ」。ところが、多くの人は自分の失敗を悪いこととして受け止める。失敗はネガティブな気持ちを引き起こし、自信の低下と無力感につながる。そうなると「ハムスター」状態に陥りかねない。

　たばこをやめようとしている人を思い浮かべてほしい。禁煙を10日続けた後、我慢できなくなり吸ってしまった。そのとき、とにかく10日間禁煙できた、次はもっとできるはずだとは思わずに、ネガティブな受け止め方と自己疑念に

とらわれてしまう。そして、自分には禁煙など無理ではないかと思うようになる。つまり「ハムスター」の状態だ。

　もう一例として、バスの中で出会った女性に一目ぼれした男性を思い浮かべてほしい。バスに乗っている間、ずっと相手の顔を見つめ、勇気を振り絞って話しかけようとしている。そしてついに、「こんにちは。電話番号を教えてもらえますか」と言った。だが、相手は顔をしかめて「いいえ」と答えた。この体験をネガティブにしか捉えられないと、この男性は自信をなくし、そのせいでまた失敗する可能性が高まってしまうだろう。

　その1カ月後、この男性はまた同じような状況に遭遇した。別のバスの中で、別の女性と出会ったのだ。そして、また話しかけたが前にも増して声が震え、やはり断られてしまった。この2回の失敗で、この男性はもう自分には無理だと思い込んでしまった。これも「ハムスター」状態だ。

　私たちは、失敗は悪いことだと教える文化の中で育っている。小さな子どもがストーブに触ってやけどをすれば、親が叱りつけるだろう。学校の成績が悪ければ、肩身の狭い思いをして、友達から笑いものにされたりもするだろう。失敗したことで「負け組」のレッテルを貼られてしまうことさえある。

　失敗を逆の観点から捉えることを覚える必要がある。失敗は、将来の成功に必要な材料だと見なす。その理由として第一に、何かに失敗すると「学習ゾーン」に入ることになる。[*84]この状態に入ると、それ以外の時には学べない新しいことを脳が学習できるようになる。そのおかげで、また同じような状況に直面

した場合に、うまくできる確率が高まる。

　第二に、失敗に終わっても、挑戦したということだけで価値がある。自分のコンフォート・ゾーンから踏み出し、「ヒロイズム」の行動を取ったことを意味するからだ。私は祖父からこう言われていた。「前に倒れたとしても、一歩前進だ」

　自分のビジョンの実現に向かって進んでいく旅の中で、失敗は必ずついて回るものであり、その事実を認識することが重要だ。失敗を乗り越えること、ネガティブな感情を避けることを覚える必要がある。理想的には、時に失敗を求める姿勢もあっていい。「学習ゾーン」で新しい能力を身につけ、常に最善を尽くし、結果について考えすぎないようにすることが大事だ。

失敗と向き合ううえで、次の点を認識することが役立つ
1）自分で「インナースイッチ」を入れることができる。つまり選択の自由がある
2）失敗によって「学習ゾーン」に入れる
3）失敗はしても前進しようとした──つまり「ヒロイズム」を実践した
4）大事なのは結果よりも、最大限の努力をしたかどうかだ

禁煙の例に戻れば、次は少なくとも11日間続けられると思えれば、10日間の禁煙でも納得できるはずだ。バスの男性も勇気を出せたことを誇りに思い、経験を次に生かせると思うべきだ。

　失敗によって「**インナースイッチ**」が作動できるようになる。失敗したことをどう感じるかは、すべてあなた自身にかかっている。あなたには、自分の反応を選ぶ自由がある。失敗したら、自分自身に「選択の自由がある。『インナースイッチ』を入れて、この失敗に足を引っ張られないことを選べばいい」と言えばいい。自分自身の「インナースイッチ」を意識することが増えるほど、失敗にうまく対処できるようになる。

運命のいたずらによる打撃を乗り越える

　人生のどこかの時点で、運命のいたずらによる打撃に見舞われることは珍しくない。その場合には「インナースイッチ」を別のモードで使う必要がある。その前提になるのは、「成功が意味するのは、二度と失敗しないということではなく、すぐに起き上がることを覚えたということだ」という考え方だ。

　とてもつらい経験をしたせいで抑うつ状態に陥り、さらには**心的外傷後ストレス障害（ＰＴＳＤ）**につながることもある（私たちの言葉で言えば「スーパーハムスター」[*85]だ）。心的外傷後ストレスになるか、それとも「インナースイッチ」を高度に操れる「心的外傷後の成長」になれるかは、これもひとえにあなた次第だ。

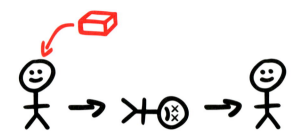

**運命のいたずらで災難が降りかかってきたら、「インナースイッチ」
を入れて、できるだけ早く立ち上がることを覚える必要がある。**

　運命のいたずらによる打撃で「ハムスター」状態になってしまったら、できる限り早く立ち直る必要がある。早く立ち上がれれば、充実した生活に戻るのも早くなる。私はランディ・パウシュ教授に強い触発を受けた。

　パウシュ教授はがんの診断を下され、余命６カ月と宣告された。しかし、うちひしがれることなく、残された半年を精一杯に生きようとした。自分の生涯をテーマにした「最後の講義」を行い、１冊の本も書き上げ、家族とともに残された時間を過ごした。[*86]

　このパウシュ教授の物語は、私たちが直面する問題の大部分は本当の問題ではないということを思い起こさせてくれる。運命のいたずらで最大の災厄が降りかかってきても、人生をあきらめる必要はないのだ。あなたも人生のどこかの時点で一度か二度、運命のいたずらによる大きな打撃を受けることだろう。

その時に備えておくために、それよりも小さな問題で「インナースイッチ」の使い方を覚えるべきだ。パウシュ教授がこう言っている。

「壁は他の人たちを止めるためにある」

「ネガティブな過去」から「ポジティブな過去」に移るには

過去の出来事が「良かった」のか「悪かった」のかを判断するのは難しい。私たちが生活において経験することは、すべて重要であるとも言える。経験から人格が形成されるからだ。過去の経験を振り返って、あれはひどかったと言うとき、それは私たち自身の態度の反映にすぎない場合が多い。過去の出来事に対する私たちの態度は、「**インナースイッチ**」を入れることで変えられる。それによってポジティブな面に気づくことが可能になる。退役軍人たちが戦争の恐怖という体験とどう向き合ったかを思い出してほしい。フランクルがこう言っている。

「人間は意味を見いだすことができれば、どんな苦しみにも耐えられるし、また耐えようともする」

私のクライアントの１人はかなり若い時期に、関係が悪かった家族から離れたい一心で家を飛び出した。この女性は、その経験について考えるたびに「ハムスター」状態になってしまっていた。そこで私は、その経験によって前に進むことができたのではないか、プラスになった面があるのではないかと聞いてみた。

そうして話しているうちに、独り立ちしたことが起業につながり、自分自身の成長とともに人とのつながりにも関心を向けられるようになったという認識が生まれた。そして、これまで生涯最悪の経験と思っていたことが、実はとても大事な学びをもたらしてくれたのだと思うに至った。つまり、自分の過去に対する態度を改めて、「ハムスター」の悪循環を断つことができたのだ。

「ハムスター」には2つの種類がある。対処できるハムスターと、折り合いをつけるしかないハムスターだ。とげのある草木の深い茂みに入り込んでしまったとする。手で折れるとげもあれば、折れないとげもある。折れないとげも、先端を削って丸くすれば刺さりはしなくなる。これと同じで、「ハムスター」にも完全に対処できるものと、折り合いをつけることしかできないものがある。

「ハムスター」をおとなしくさせるには、どうすればいいのか。どうやって、とげを丸くするのか。紙とペンを用意して、次に説明する「ハムスターシート」という方法を試してみてほしい。自分が抱えている問題のすべてに同時に対処しようとするのは得策ではない。「ハムスター」への対処も、1つずつ進めていくほうがいい。

まず、1つの「ハムスター」がもたらしたプラスの側面、自分の進歩につながった側面について考え、それを紙に書き出す。こうして「ハムスター」をおとなしくさせたら、1週間ほど経ってから別の「ハムスター」についても同じことをする。

新しい習慣を身につけるときとまったく同様に、ここでも「カイゼン」の手

法を併せて使うべきだ。小さなステップを積み重ねて、最終的に大きな変化を生み出すのだ。

とげ

1）自分で対処できる問題

折ることができる

2）自分で対処できない問題

先を削って丸くする

自分で対処できる問題、つまりとげを折れる場合には、できるだけ早く対処するべきだ。自分で対処できない問題については、それに影響されないように力をそぐ、つまりとげを削って刺さらないようにすればいい。

「ハムスターシート」

「ハムスター」の名前	この「ハムスター」がもたらしたプラスの側面は？ 自分の進歩につながった側面は？

このシートを使い始めれば、過去の「ハムスター」の悪影響が薄れていくのがわかるはずだ。次のセクションでは「**フローシート**」について説明する。「ポジティブ過去志向」を強め、新しい「ハムスター」を避けて感情的な安定を高めるのに役立つツールだ。

ツール ──「フローシート」

マーティン・セリグマンは、アメリカ陸軍での自殺率とうつ病発症率の高さという問題に取り組んできた。そして、50万人の兵士を対象とした研究に基づき、永続的な幸福感を得ることを助けるための一連の方法をまとめ上げた。[87]その方法による取り組みを始めてから半年後、自殺率とうつ病発症率は大きく下がった。何がカギになったのか。

私たちが「**フローシート**」と呼んでいるツールは、セリグマンの研究の成果をふまえたものだ。具体的にはまず、その日の自分の身に起きた**ポジティブなこと**を書き込み、その横に、その日の自分の幸福度を 1 〜10の評点で記入する（最低の幸福度を「 1 」、最高の幸福度を「10」とする）。このシンプルな方法によって、あなたは「ポジティブ過去志向」へと移ることができ、「ハムスター」や抑うつ状態を避けられるだけでなく、長期的に幸福度も高められるようになる。「習慣リスト」と同じく「フローシート」も毎日記入する。ほんの数分でできるが、1 カ月後には幸福度の自己評価がかなり上がっているはず

「フローシート」

	I	II	III	😊 1~10
1.				
2.				
3.				
⋮				

「フローシート」は1カ月に1枚とする。横の段はそれぞれの日を表し、その日にあった**ポジティブな出来事を3つ**書き入れる。右端の欄には、その日の自分の幸福度を1~10の評点で記入する。

だ[*88]。

「フローシート」の使い方を詳しく説明していこう。このシートには毎晩、その日にあった最もポジティブな出来事を3つ書き入れる。大きなことである必要はない。小さくてもありがたみを感じたことなどを書けばいい。後で思い出せるように、いくつかの文章で表現する。3つ思い当たらない場合もあるだろうが、考え続けてみる。その過程そのものが大事だ。そうすることによって、脳が「ネガティブ過去志向」から「ポジティブ過去志向」への切り替えを覚えるようになる。

　ダニエル・カーネマンの研究は、人間には今の気分で生涯全体を判断する傾向があることを示している[*89]。気分がいいときには、過去のすべてがポジティブだったように感じられ、逆に不幸だと感じていると、それまでの生涯全体をネガティブに捉えやすくなる。

「フローシート」は、この現象を防ぐのに役立つ。いつでもシートを見返すことができるので、過去の幸福な体験から明確なフィードバックが得られる。そして、今の気分も高まるようになる。シートのフォーマットを用意してある[†]。「習慣リスト」の最後の欄を「『フローシート』への記入」にするのもいい。

（†）www.procrastination.com/flow-sheet

ツール ──「ハムスターからのリスタート」

　あなたの生活に「**ハムスター**」が現れるのは時間の問題だ。時にひどい気分を味わうのも悪いことではない。その状態と比較すれば、幸福を感じたときのありがたみが深まるからだ。しかし、何日も「ハムスター」状態になってしまうのは問題だ。できる限り早く、その状態から抜け出す方法を覚える必要がある。私たちは、それを「ハムスターからのリスタート」と呼んでいる。

●まず、今の自分の**状態**を認識し、それに**名前**をつける必要がある。つまり「ハムスターになっている」ということだ。

●「ハムスター」と戦うには、**認知リソースを補充する**必要がある。「ハムスター」状態に陥ると、すべてが無意味に思えてしまいやすい。疑念ばかりが募って無力感にさいなまれ、ネガティブなムード一色になってしまう。

●**まず自分から動き出さなければならないということを認識する**。「ハムスター」を退治できるかどうかは、ひとえに自分自身にかかっている。周りのせいにしてはいけない。ジョン・ウィットモアが著書にこう書いている。
　「問題は他の人々にあると誰もが思いたがる。自分の行動は正しく、何も変えるべき点はないということになるからだ」

実際には、幸福と不幸を分けるのはたいてい自分自身なのだ。

● ネガティブをポジティブに変える。「**インナースイッチ**」を使う。

● もっと「**未来志向**」**になる**。時間の価値と自分のビジョンを忘れないこと。「ハムスター」状態にとどまっていることがなぜ良くないのか、自分はなぜ充実した人生を送りたいと思っているのか、あらためて自分自身に思い起こさせる。

● もっと「**ポジティブ過去志向**」**になる**。「ハムスター」は否定の中にこもることを好み、ポジティブな情報には目を向けない。このことを認識し、「フローシート」や「自分の業績リスト」を見返すようにする。

● 「**ハムスター**」**の悪循環を断つ**。頭の中で「ハムスターからのリスタート」ボタンを押し、ネガティブな気分に蓋をする。再び、この名言を思い出そう。「成功とは、もう二度と失敗しないことを意味するのではない。早く立ち上がることを覚えたということを意味するのだ」

● **新しい**「**To-Do トゥデー**」**を用意**して、これから自分がする仕事を決める。「**フロー状態**」に入ることにつながる活動を含めること。

● 「ヒロイズム」を実践し、自分のコンフォート・ゾーンから踏み出して前に進むようにする。「To-Do トゥデー」の取り組みを始める。このようにすれば、「ハムスター」が消えていくことを感じ取れるはずだ。

「ハムスターからのリスタート」

使い方の要点

1) 「ハムスター」状態になっていることを自覚する
2) 休息を取り、認知リソースを補充する
3) 「ハムスター」が働く仕組みを思い起こす
4) 「ハムスター」状態から抜け出せるかどうかは自分次第であることを認識する
5) 「インナースイッチ」を入れて、ネガティブをポジティブに変える
6) もっと「未来志向」になる。自分のビジョンと時間の価値を思い起こす
7) もっと「ポジティブ過去志向」になる。自分の「フローシート」と「業績リスト」を見返す
8) 「ハムスターからのリスタート」ボタンを押し、より良い新たなスタートを切る
9) 新しい「To-Do トゥデー」を準備する
10) 「ヒロイズム」を実践し、自分の最初の仕事に取りかかる

自分の成長と退行

　人生は少しずつ変わっていくというよりも、往々にして一気に大きく変わる。それに影響を及ぼすのが2種類の**フィードバック・ループ**だ。

　1つは「**ポジティブなフローのループ**」だ。うまくいっているときには幸福感が高まり、自分自身と自分のビジョンを信じる気持ちが強くなる。脳内でドーパミンの分泌が増え、創造力と学習力が高まる。その結果、ますますうまくいくようになっていく。

　もう1つは「**ネガティブなハムスターのループ**」だ。失敗をして自分が信じられなくなり、自分自身と人生の意味を疑うようになる。ドーパミンの分泌が減るので、学習力が損なわれて自信が低下し、「決断のまひ」と先延ばしに陥ってしまう。

　多くの人は、この両方のループの間を行ったり来たりしている。この2種類のループが始まるのは**臨界点**を超えた場合だけだ。この本の目的は、「ポジティブなフローのループ」を生み出して維持するのに必要なツールを提供することだ。したがって、すべてのツールに本質的な相互関係がある。

●**自分のビジョン**は内なるモチベーションを高め、あなたを未来志向にして時間の価値を思い起こさせる。

●「**習慣リスト**」は、あなたの認知リソースを高めて「象」をおとなしくさせる。

●「**To-Do オール**」システムは、あなたの仕事を管理し、時間の効率的な使い方を促す。

●「**ヒロイズム**」は、あなたをコンフォート・ゾーンの外に踏み出させる。

●「**フローシート**」は、あなたを「ポジティブ過去志向」へ移らせる。

●「**インナースイッチ**」は、ネガティブなことをポジティブなことに変える働きをする。

●「**ハムスターからのリスタート**」は、進むべき道筋から大きく外れてしまったあなたを元に戻すのに役立つ。

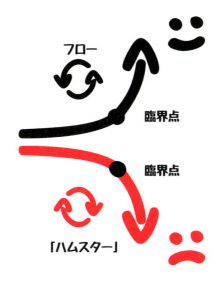

自分の成長と退行は少しずつ進むのではなく、臨界点を超えたときに一気に起こる。臨界点の先にあるのは、成長をもたらす「フローのループ」か退行を引き起こす「ハムスターのループ」だ。

この章のポイント ── 成果

正しい行動を通じて自分のビジョンを達成すると、**感情的な成果**と**実体的な成果**が得られる。幸福感が高まり、自分の仕事の結果が目に見える形で現れる。

自分のビジョンの実現に向かって進んでいても、時に何らかの原因で道筋から外れてしまい、幸福感が失われることもある。ひどい気分を味わうのも、必ずしも悪いことではないが、そこからすぐに立ち直る方法を覚えておく必要がある。

脳の**扁桃体**は、私たちが知覚するあらゆるものの危険を察知しようとし、**ネガティブな刺激**を増幅する。その刺激が多いと、扁桃体はポジティブな刺激に反応しなくなる。これが不幸感を引き起こす。

不幸感とネガティブな感情は**人にうつり**、人々が互いにそれを増幅し合って集団的な悲観的思考に行き着く恐れがある。

いくつかの失敗やネガティブな刺激によって**学習性無力感**が引き起こされることがある。つまり「**ハムスター**」状態だ。

「未来志向」になることで「ハムスター」を退治するとともに、「ネガティブ過去志向」から「**ポジティブ過去志向**」に変わることもできる。それに役立つのが「インナースイッチ」と「フローシート」だ。

「**インナースイッチ**」を入れるという方法は、外部的環境の影響に対する反応の仕方を自分で意図的に選ぶという考え方に基づく。自分の失敗や運命のいたずらによる災厄、過去のネガティブな体験に対処するうえで役立つ。

「**フローシート**」は、その日にあったポジティブな出来事を3つ書き込むという作業を毎日続けることで、幸福感を高めて「ポジティブ過去志向」を強められるという考え方に基づく。

「**ハムスターからのリスタート**」は、進むべき道筋から外れて学習性無力感の状態に陥ってしまったときに、元の道に戻ることに役立つ。

「**ハムスターのフィードバック・ループ**」と「**フローのフィードバック・ループ**」の両方が存在する。どちらもモチベーションと規律に影響し、したがって成果を左右する。「**ハムスター**」が現れると、先延ばしが起こりやすくなる。逆に「**フロー状態**」に入れば、先延ばしは起こりにくくなる。

あなたの幸福度は？　自分の仕事の成果を、自分でどう評価するだろうか。ここでも1〜10の評点で、自分の感情的・実体的な**成果**と、この章で紹介したツールをどれだけ生かせているかを評価してみよう。

これまでの章と同じように、適切な時期に再評価するようにして自己評価を更新していくことをお勧めする。ツールの活用度と自己評価が高まるにつれて、全体的な成果が向上していくことがわかるはずだ。この章の内容によって、あなたの幸福度とバランスが高まれば幸いだ。

自分のモチベーション、規律、成果を高める方法を覚えたところで、自己開発のパズルの最後のピースである**客観性**[†]について説明しよう。

1〜10

□	**成果**
□	**ツール：「インナースイッチ」**
□	**ツール：「フローシート」**
□	**ツール：「ハムスターからのリスタート」**

（†）筆者注：私は客観性が最も重要なテーマだと考えている。本書の4つの主要テーマのうちで、この客観性が私にとって最も深い意味をもつ。詳しく説明しないとわかりにくいだろうが、私の経験では客観性こそが人生に最も大きな進歩をもたらす。

客観性
OBJECTIVITY

自分の欠点に
目を向けることを覚える

Learning how to see
our flaws

マッカーサー・ウィーラーはペンシルベニア州ピッツバーグで白昼、顔を隠そうともせずに2つの銀行で強盗を働いた。監視ビデオが捉えた映像がニュースで放映されて身元が明らかになり、ほどなく警察に逮捕されたウィーラーは顔を知られていたことに愕然とした。

「顔にジュースを塗っていたのに！」[*90]

私たち人間は、外界を自分の五感で知覚する。視覚や聴覚で感じたものはすべて、意味をもたないデータの流れとして脳に送られる。脳はそのデータを評価し、それに基づいて私たちは判断を下す。その判断によって、その後の行動が決まる。

たとえば、口の中の熱受容体が熱すぎる紅茶に反応すれば、紅茶を吐き出すことになる。車を運転していて、前の車のブレーキランプが突然光ったことに気づけば、すぐに足をアクセルペダルから離してブレーキをかけることになる。

私たちが判断を下す際に脳が従う法則を「メンタル・モデル」と呼ぶ。外界が動く仕組みについて脳内に蓄積された考え方の集合体だ[*91]。私たちのメンタル・モデルはそれぞれ、現実にどれだけ合致しているかで評価できる。その度合いが**客観性**だ。大地に頭を打ちつけることでアフリカの飢饉が解決されると考えるのは、およそ客観性が低い。逆に、自分の頭を銃で撃てば死ぬことになるというのは、客観性が高いメンタル・モデルだ。

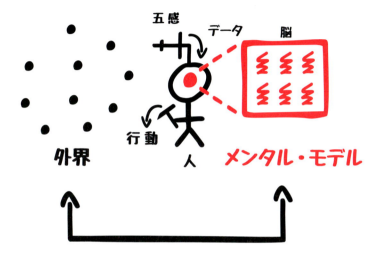

人間は五感で外界を知覚する。知覚はデータとして脳に送られ、脳は**メンタル・モデル**を使ってデータを評価し、判断を下す。この判断がその後の行動に影響を及ぼす。**メンタル・モデル**は、外界が動く仕組みについて脳内に蓄積された考え方の集合体だ。

客観性のレベル

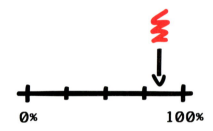

メンタル・モデルは、どれだけ現実と一致するかで評価できる。

　人間の脳には、「ダニング＝クルーガー効果」に負けやすいという弱点がある[*92]。現実と合致しないメンタル・モデルを信じ込んでしまうという現象だ。そのせいで、主観的な思い込みを客観的事実と取り違えてしまうことが往々にして起こる。

　最近の研究は、外界の動きに関する主観的な捉え方が、「２＋２＝４」のような客観的事実と同種の感覚を引き起こしうることを示している[*93]。つまり、そ

非客観性

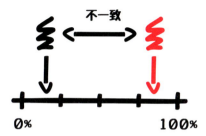

人間はしばしば、客観性を欠いた自分のメンタル・モデルに主観的な確からしさをもたせてしまう。つまり、事実ではないことを信じてしまうのだ。

れが完全に正しいと感じてしまうわけだ。しかし、私たちが絶対に正しいと感じるときは、脳の間違いであることが少なくない。

　銀行強盗をしたウィーラーは、顔にレモンジュースを塗ればビデオカメラに映らないと思い込んでいた。彼には、それが絶対に確かな真実だったのだ。まったく主観的な思い込みを客観的事実と取り違えてしまっていた。この種の非客観的なメンタル・モデルをもたらすのがダニング＝クルーガー効果だ。

ダニング＝クルーガー効果と「病態失認」

　心理学者のデービッド・ダニングとジャスティン・クルーガーは、ウィーラーのレモンジュースの話に強い関心を引かれて研究に踏み込んでいった。人々の実際の能力と自己評価の明白な食い違いに焦点は当てられた。ダニングとクルーガーは、無能な人たちは２種類の問題を抱えているという仮説を立てた。

●無能であるために間違った決断をする（たとえば、レモンジュースを顔に塗って銀行強盗をする）。

●自分が間違った決断をしたという事実を認識できない（自分の顔が映っているビデオ映像を見せられても、でっち上げだと言い張る）。

　２人は、この仮説の妥当性を実験で検証した。まず、被験者に特定の能力を測るテストを行った（論理的推論、文法、ユーモアなど）。そして、被験者に自分の能力を自己評価するよう求めた。その結果、２つの興味深い点が浮かび上がった。

●最も能力の低い人たち（この研究では「無能な人たち」と呼ばれた）は、**自分の能力をかなり過大評価**する傾向にあった。能力の低い人ほど過大評価が

著しかった。この現象は、はるか昔にチャールズ・ダーウィンがこう端的に言い表していた。

「無知は知識よりも自信を生み出す」

●最も有能な人たちは**自分の能力を過小評価**する傾向が強かった。自分にとってやさしいことは他の人たちにとってもやさしいという心理が働くからだと考えられる。

実験ではさらに他の人たちのテスト結果を見せたうえで再度、被験者に自己評価をさせた。**有能**な人たちは、自分で思っていた以上に結果が良かったことを知り、より客観的に自己評価を修正した。これに対し**無能**な人たちは、現実を突きつけられても独断的な自己評価を変えなかった。他の人たちのほうが能力が高いということを認められなかったのだ。

要するにこの**研究**は、無知な人たちは自分が無知であることをわかっていないということを**明らかにした**。無能な人たちは自分の能力をはなはだしく過大評価する傾向がある。他の人たちの能力を正しく評価できず、現実を突きつけられても認識を変えられない。本書では以降、この問題を抱えた人のことを「ダニング＝クルーガー」と呼ぶことにする。この研究は、非客観的な誤った結論をもってしまった人は非客観的であるがゆえに、間違いに気づいて認めることができないということを示している。

甘美な無知 —— 私たちの脳の守り手

　医学的に「病態失認」として知られる状態は、ダニング＝クルーガー効果が人間の脳に組み込まれた防衛機制である可能性を示唆している。病態失認は、手や足を失ってしまった人に見られることのある脳の損傷の一形態だ。この状態にある人は、手や足を失っていないと思い込んだままになってしまう。[*94]

　たとえば右手を失った人の場合、医師が健常な左手について話をすると普通にコミュニケーションがとれるが、話が右手のことになると何を言っても通じない状態になってしまう。脳スキャンから、これは意識的な反応ではなく、損傷を受けた脳が失った手や足に関する情報を遮断するためであることがわかっている。[*95]

　視力を失った人の病態失認も報告されている。[*96]このようなケースは、私たちの脳には自分が無能であることを示す情報を無視する働きがあるという捉え方の裏づけになる。

　銀行強盗をしたウィーラーの脳にとっては、自分が無能で客観性もないという事実を受け入れるよりも、証拠をでっち上げられたと考えるほうが楽だったのだ。このような病態失認と同様に人間の脳は、自分のメンタル・モデルが間違っていることを示す情報を無視する反応も示し、私たちは独断性と甘美な無知にとらわれたままになってしまう。では、非客観性、つまり独断的であることは常に甘美な状態なのか。なぜ、私たちは客観的にならなければならないのか。

ダニング＝クルーガー効果

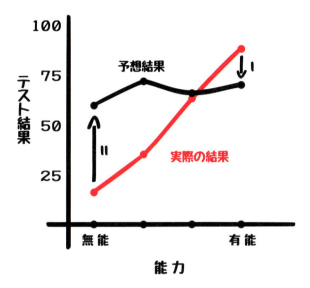

実験から2つの大きなポイントが示された
I) 有能な人は自分を過小評価する傾向がある
II) 無能な人は自分を過大評価する傾向がある

なぜ非客観性と戦うのか

　学生時代にユーモアのセンスがない同級生がいて、みんなからイタい奴だと思われていた。彼がジョークを言うと、みんな笑った。しかし、それはジョークにではなく彼のことを笑っていた。ところが、本人は自分のユーモアのセンスが認められているのだと思い込んでいた。そして、次から次へとジョークを繰り出していた。あれから長い年月が経っているが、彼は今もあの頃のままかもしれない。自分だけが自分の欠点に気づいていないという「ダニング＝クルーガー」にならないために、客観性を高めることが重要なのだ。

●**客観性の高いメンタル・モデルは、より良い判断につながる**：より良いメンタル・モデルによって、自分の行動が生み出す結果をより正確に見通せるようになる。逆に、客観性の低いメンタル・モデルで「ダニング＝クルーガー」になっていると、自分の行動が思い描いた結果につながらなくなる。過剰な自信は成功をもたらさない。

●**客観性のなさは成長を阻害する**：私は仕事を通じて、自分は世界で最高のリーダーだと信じるたくさんの企業経営者たちに出会ってきた。残念ながら、そう思っているのは自分だけというケースがほとんどだ。客観性を高めるべきもう１つの理由は、そうして初めて自分自身の欠点を認識し、その改善に取り組めるようになるからだ。つまり、あなたの「ダニング＝クルーガー」

に目を向けることが最も重要なことの1つになる可能性がある。

●客観性が足りないと、善意であっても人に害を及ぼしかねない：「地獄への道は善意で固められている」と言われるのも、それなりの理由があればこそだ。非客観性と戦うべき第3の理由は、バートランド・ラッセルが端的に言い表している。

「真実ではないことを信じ込んだ人々が、他の人々に苦しみを引き起こしてきた」

たとえば、大量殺人を犯したのに正当な行為だったと思い続け、自分を悪人と思わない人たちがいる。ノルウェーで連続テロ事件を起こしたアンネシュ・ベーリング・ブレイビクの裁判での主張を見ればいい。自分は正しいことをしたのだと信じ込んでいる。メンタル・モデルが変わっていないのだ。

それでは、自分の非客観性と戦い、ダニング＝クルーガー効果を避けるには、どうすればいいのか。どのように自分の欠点を認識し、長期的に客観性を高めていけるのか。

客観性を高めるには

　社会が機能し、進歩していくうえで、客観性と真実は最も重要な価値をもつものの1つだ。ダニング＝クルーガー効果は、その敵になる。私たちの頭の中で直接的に客観性を阻害するという点で、特に厄介な敵だ。自分自身をその罠に陥らせてはならない。ダニング＝クルーガー効果と非客観性を克服するには、次のような原則が役立つ。

●**教育を通じて自分の能力を高める**：ダニングとクルーガーは別の実験で、訓練や教育によって無能な人の自己評価と他者に対する評価の確度を高められることも示した。ある側面で自分の能力を高めると、それまでの自分の無能さを理解できるようになる。ソクラテスが教育の重要性をこう言い表している。
「唯一の善は知、唯一の悪は無知である」

●**確かな情報源を自分の基礎にする**：情報時代の今、情報源の信頼性を見分けることが極めて重要だ。今は誰でも、どのような情報でも簡単にインターネットで発信できる。したがって、情報の質の見分け方を身につける必要がある。
　たとえば、学術誌や研究論文はタブロイド紙や匿名のブログよりも情報源として信頼性が高い。また情報の引用元が付記されているものは、筆者が客

観性の確保に努めているということがわかる。そもそも私たちは、この世界のすべてを頭に入れることはできない。すべてのメンタル・モデルは1つの単純化にすぎず、必ず不正確な部分を含んでいる。それでも、バートランド・ラッセルがこう言っている。

「確実なものなど何もないと認めても、他と比べて確実性が高いものがあるということは認めなければならないはずだ」

●**自分が知らないことに対して強い考えをもたない**：情報の不足やメディアによって歪められた情報は、ダニング＝クルーガー効果の温床だ。ニュースサイトのコメント欄を見ればいい。何でも知っているつもりの人たちの書き込みが並んでいる。非客観性を避けたければ、自分が精通している事柄についてだけ意見を表すことだ。あらゆることに意見をもたなければならないわけではない。自分にはわからないということ、あるいは自分の意見はないということを認めるほうがいい。ノーベル物理学賞を受賞したリチャード・ファインマンは、こう言っている。

「間違っているかもしれない答えをもつよりは、知らずに生きていくほうがよほど面白いと思う」

●**自分の直観を問い直す**：ただ疑うのではなく、自分自身に問いをぶつけるようにする。常に自問することによって、自分のメンタル・モデルの不完全さ

に気づき、それを正していけるようになる。行動経済学者のダン・アリエリーの研究が示すように、私たちの直観は間違っていることが多い。[*98]彼はこう言っている。

「私たち、つまりあなたや私、企業も政策立案者も自分の直観を疑う必要がある。『そういうことになっているのだから』と言って直観や通念に従い続け、いちばん簡単なことや習慣になっていることを繰り返していると、私たちは間違いを犯し続けることになる」

　自分の意見に自分で問いをぶつけて、毎日「ヒーロー」になるべきだ。自分の思い違いに積極的に目を向けようとすることは、自分のコンフォート・ゾーンの外に踏み出すことにつながる。

●**外からのフィードバックを見つける**：自分の主観的意見を自発的に問い直すことを始めよう。周りの人たちに意見を聞いてみる。私はワークショップの後で必ず、参加者に匿名でフィードバックと評価を求める。自分では最高の出来だと思っても、参加者の評価は月並みだったということもある。また、逆の場合もある。私はこのような経験から、自分の主観的意見よりも外からのフィードバックを信用したほうがいい場合もあると確信するに至った。フィードバックが自分自身の受け止め方と違っていても、そこから何かを得ようとすることが大事だ。無視してはいけない。

●**思考能力を高める**：自分の頭で考えることを大事にして、権威ある人などの考え方を無批判に受け入れないようにする。情報が正しいのかどうかも見極めるようにしよう。その結果として周りと違う意見になったら、それを口に出す勇気をもとう。コンフォート・ゾーンから踏み出して自分の意見を言う「ヒロイズム」に関して、バートランド・ラッセルはこう言い表している。「世界を救うには信念と勇気が必要だ。理性に対する信念と、理性が正しさを示したことを公言する勇気だ」

●**自分の考えを正当化しようとするのと同じ強さで否定しようとしてみる**：少し前の話だが、私の知り合いが「真昼に何分も太陽を見つめている」と自慢げに言った。そうすることで視力が良くなるというのだ。しかも、製薬会社が売り上げの減少を恐れて、この「奇跡のような」方法を秘密にしているのだと言った。インターネットで探せば、ほとんどどんな主張でも裏づけの材料が見つかる。太陽を見つめるという話もそうだ。

　人間には、自分が信じていることの証拠になる情報を見つけようとする性向がある。自分のメンタル・モデルの裏づけを求めるのだ。ダニング＝クルーガー効果と戦うためには、自分の意見に反する主張を見つけ出すことも重要だ。自分が「偽り」に染まっていないかどうか、自分の考えに反する事実を探し出そうとするべきだ。１つの考え方に対する賛否両論を評価することが、客観性の高い意見につながる。オックスフォード大学のリチャード・ド

ーキンス教授（生物学）が、こう言っている。

「頭をいっぱいに開こう。ただし、脳が飛び出してしまわない程度に」

●**「オッカムの剃刀」を応用する：**これは700年前に示された論理的原則で、
　１つの現象に複数の説明がある場合には、最も単純な説明が最も真実性が高
　いとしている。

　　9.11テロはテロリストの犯行ではなく、アメリカ政府の大がかりな陰謀
　によって、テロリストの犯行であるようにすべてが仕組まれていたのだ──。
　「オッカムの剃刀」に基づけば、単純な前者のほうが真実である可能性が高
　いことになる。この原則は、問題に対する当初の意見の見極めに役立つ。た
　だし、客観性を高めるには、常に信頼性の高い情報と事実を求めようとする
　姿勢が重要だ。

●**集団的なダニング＝クルーガー効果に注意する：**1978年、カルト集団
　「人民寺院」の信者900人以上が自殺し、史上最大規模の集団自殺となった。[＊100]
　これは極端なケースであるとしても、集団的な非客観性は頻繁に生じている。
　強い個性をもつ人が無意識的に、自分のメンタル・モデルを認めてくれる人
　たちと集団を形成し、それが高じて非客観性の殻の中に閉じこもってしまう
　ということも起こりうる。そうなると、自分たちの考え方に対する否定的な
　フィードバックが遮断されてしまう。これは家庭や会社でも起こることだ。

集団的な非客観性は最も大きな社会的リスクの 1 つだ。19世紀の作家ユリウス・ゼイエルが、このリスクを辛辣に評している。

「群集は常に盲目だ」

●**ドグマに注意する**：ドグマ（独断的な言説）は非客観性の大きな根源だ。だからこそ、自分の意見は間違っているかもしれないという意識を常にもつべきだ。ダニング＝クルーガー効果の影響を受けている可能性があるという事実を受け入れ[†]、揺るぎない信念であっても疑ってみるようにする。たとえば、アドルフ・ヒトラーがそうしていたら、あれほどの大惨事にはならなかったはずだ。チャーリー・チャップリンがドグマの危険について、こう言っていたという。

「真実を求めている人の後につくことだ。真実を見つけた人からは逃げよう」

（†）筆者注：たとえば、私はこの本について、内容のすべてが非客観的であるかもしれないという可能性を認める。そうであった場合、誰かがもっと良い情報を与えてくれれば、私は喜んで自分の結論を見直す。

この章のポイント ── 客観性

私たちの脳は**メンタル・モデル**に基づいて判断を下す。

メンタル・モデルは、外界の動き方に関する私たちの考え方を表す。

誰かが自分のメンタル・モデルを固く信じていても、それが正しいとは限らない。

私たちの誰もが**ダニング＝クルーガー効果**に影響される可能性がある。私たちは事実でないことを信じることも少なくない。

客観性が低い人は、それだけ判断の質も悪くなる。

自分を高めたければ、自分が客観的になれていない部分を見定める必要がある。

自分の客観性を体系的に高めることができる。

ダニング＝クルーガー効果を克服するには、**信頼できる情報源から得られた事実に基づいて自分を教育する**ことがカギになる。

客観性を高めるその他の方法として、様々な種類のフィードバックを得ること、批判的思考をすること、自分の直観とドグマについて自問することがある。

個人の非客観性は集団的な非客観性につながるおそれもある。

真実を求めることは終わりのない旅である。

私は、ダニング＝クルーガー効果が広く知られ、頻繁に論じられるような日が来ることを祈っている。人をバカ呼ばわりしても、何の役にも立たない。そうではなく、その人の非客観性を指摘して「ダニング＝クルーガーになっている」と言ったほうがいい。人々がダニング＝クルーガー効果に影響されている可能性を意識することで、合意や妥協に至りやすくなる。客観的になろうとする人が増えれば、非客観性から引き起こされる悪が減る。

　自分のメンタル・モデルを客観的にしようとする努力について、1〜10の評点で自己評価してみよう。

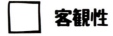

最後に
CONCLUSION

永続性へのカギ
The key to longevity

私は最近、1年以上会っていなかったクライアントと再会した。その顔を一目見て、前よりもはるかにバランスが取れている様子がうかがえた。悪い習慣のほとんどを断ち、良い習慣をいくつも身につけていた。

　これまででいちばん幸せと言ってもいいような状態だと、彼は話した。人生の意義を感じて「フロー状態」に入っているというのだった。あれほどひどかった先延ばしの癖も完全に消え、最後のカウンセリングから1年経っても、すべて順調だという。この成功のカギは何だったのか。この本の内容を日々の生活で実践に移すには、どうすればいいのか。

　研修コースやカウンセリングを受けても、終わってからほんの数日、あるいは数週間で元の状態に逆戻りしてしまう人が少なくない。自己啓発書を読んでも、すぐに内容の大部分を忘れてしまう。つまり、長期的な変化につながらないのだ。私は長年、この問題を克服する方法を見つけ出したいと思っていた。

　私自身、自分を高めるうえでいちばん大事な事柄さえすぐに忘れてしまうという問題に悩んでいた。しかし、私は仲間たちとともに、この問題を効果的に解決できる方法を見つけ出した。その方法を「自己会議」と名づけた。

ツール ──「自己会議」

　忙しい毎日の中で、自分を高めることや長期的な人生設計について考える時間は見つけにくい。その時々の状況への対処に追われて毎日が過ぎていくという状態になりがちだ。しかし、本当に進歩したければ、しっかりした土台の上で自分を高めていかなければならない。そこで効果を発揮するのが「**自己会議**」だ。

　この方法はセルフコーチングという概念に基づいている。標準的なコーチングでは、自分を高めるのに必要な要素について考えさせるために、コーチが一連の質問を投げかける。自分で自分に質問を投げかけるのがセルフコーチングだ。

　まず、最近どれだけ進歩したかを自問する。自分が進んでいきたい方向を考え、自分をさらに高めるために何ができるかを考える。そして、この本で紹介したツールをどれだけ活用できているか、1〜10の評点で自己評価する。この「自己会議」に、この本で説明してきた理論的モデルの復習を含めることもできる。そして最後に、次の「自己会議」までに達成したい具体的な課題を設定する。

「自己会議」のやり方

　このセルフコーチングの会議は毎週1回、できれば一定の時間にすることを

お勧めする。たとえば土曜日の午後4時というように。お気に入りのカフェなど、場所も決めたほうがいい。パソコンのあるデスクに座ってすることは勧めない。インターネットなどに気を取られることを避けるためだ。「自己会議」を特定の場所と結びつけると、習慣として生活に定着しやすくなる。

　時間は1時間ほどで、携帯電話をオフにして紙とペンを用意する。そして、後述する質問事項について考え、その答えや大事なアイデアを紙に書き出す。その後の「会議」で振り返れるようにするためだ。

起こりやすい問題

　いちばん起こりやすいのは「会議」の先延ばしだ。定期的に実行することに最大限の努力を傾けよう。カレンダーに何週間も先まで予定を書き込んでおくことをお勧めする。最低でも常に2回の予定を立てておくこと。そうすれば、避けられない事情で「会議」ができなくなっても習慣が途切れてしまうことにはならない。

　最初は「自己会議」のやり方にとまどったり、紙に何を書けばいいのかわからなかったりすることもありうる。そうした問題に対処できるようにヘルプ用のフォームを用意した[†]。「会議」を2、3回してみれば、すべてスムーズにいくようになるはずだ。

（†）www.procrastination.com/meeting-with-myself

「自己会議」

1）前回の「会議」からどれだけ前進したか。どんな成果があったか

2）次の「会議」までに、どれだけ前進したいか。
目標のどの部分に的を合わせたいか

3）それぞれのツールをどれだけ活用できているか

1〜10

- ☐ 自分のビジョン
- ☐ 習慣リスト
- ☐ To-Do オール
- ☐ ヒロイズム

1〜10

- ☐ フローシート
- ☐ インナースイッチ
- ☐ ハムスターからのリスタート
- ☐ 自己会議

4）次の「会議」までにやること

先延ばしの終わりと新しい始まり

　この本の最大の目的は、先延ばしが起こる仕組みを理解してもらうことだ。そのために理論的モデルを示し、先延ばしに決定的な勝利を収めるためのシンプルな実用的ツールについて説明した。

　先延ばしに勝つには毎日の「ヒロイズム」が必要だ。この本によって、あなたが人生により大きな意義を見いだし、生産性と効率が高まり、より高い客観性とともに永続的な幸福感が得られるようになることを祈っている。たとえ読者のごく一部の力にしかなれなかったとしても、この本を書いたことは私にとって大きな意味があったということになる。

「反復は知恵の母」という言葉には、相応の理由がある。この本も、読み終えてからも折に触れて見返すようにしてもらいたい。もう一度読む必要はなく、ざっとページをめくってみるだけでいい。イラストを見てポイントを思い出せるはずだ。私は何年も前からワークショップで、この本に盛り込んだ内容を毎週何度も説明しているが、今でも新しい関係性を発見している。読者のあなたも、この本の内容を実践しながら新しいやり方を見つけることになると固く信じている。この本をトイレに置いてくれてもかまわない。毎日何分間か、この本のポイントを振り返るのにトイレは理想的な場所だ[†]。

（†）筆者注：大した内容ではない本だと思われた場合にも、紙として別の用途に役立つ。

この本の**最も重要なポイント**

　最後に、読者の方々に1つお願いをしたい。もしも、この本で読んだことは
すべて忘れなければならないが1つだけ覚えておいていいと言われたら、あな
たは何を選ぶだろうか。紙に書き出し、私にメール（petr@procrastination.
com）してもらえるとうれしい。ウィリアム・ジェームズがこう言っている。
「人生で最も大事なのは、自分自身の人生以上の何かのために生きることだ」
　この本が、あなたの人生の旅の助けになれば幸いだ。あとは、すべてあなた
自身にかかっている。幸運を祈る。

理論

1) モチベーション
2) 規律
3) 成果
4) 客観性

主なツール

1）自分のビジョン
2）習慣リスト
3）To-Do オール
4）ヒロイズム
5）フローシート
6）インナースイッチ
7）ハムスターからのリスタート
8）自己会議

追加的な方法

1）SWOT自己分析
2）自分の業績リスト
3）モチベーションを生む活動の分析
4）自分のビジョンのベータ版
5）ハムスターシート

行動計画
これからの具体的なステップ

自分のビジョンを
書き上げる

「習慣リスト」を
使い始める

「To-Do
オール」システム
を使い始める

?

BIBLIOGRAPHY

原注

*1 FERRARI, J. R. Procrastination as self-regulation failure of performance: Effects of cognitive load, self-awareness, and time limits on "working best under pressure". *European Journal of Personality*. 2001, 15th ed., no. 5, pp. 391–406.

BAUMEISTER, R. F. Choking under pressure: Self-consciousness and paradoxical effects of incentives on skillful performance. *Journal of Personality and Social Psychology*. 1984, 46th ed., no. 3, pp. 610–620.

GRAWE, K. *Neuropsychotherapy: How the Neurosciences Inform Effective Psychotherapy*. New Jersey: Routledge, 2007. ISBN 08-058-6122-X.

*2 HÉSIOD. *Works and days*.

*3 MORRISON, M. and ROESE, N. Regrets of the typical American: Findings from a nationally representative sample. *Social Psychological and Personality Science*. 2011, 2nd ed., no. 6, pp. 576–583.

*4 KINSELLA, K. G. Changes in life expectancy 1900–1990. *The American Journal of Clinical Nutrition*. 1992, 55th ed., no. 6, pp. 1196–1202.

GOKLANY, I. M. *The Improving State of the World: Why We're Living Longer, Healthier, More Comfortable Lives on a Cleaner Planet*. Washington, D.C: Cato Institute, 2007. ISBN 19-308-6598-8.

DIAMANDIS, P. H. & KOTLER, S. *Abundance: The Future is Better Than You Think*. 1st ed., New York: Free Press, 2012. ISBN 14-516-1421-7.

*5 ABOUHARB, M. R. & KIMBALL, A. L. A new dataset on infant mortality rates, 1816–2002. *Journal of Peace Research*. 2007, 44th ed., no. 6, pp. 743–754.

DIAMANDIS, P. H. & KOTLER, S. *Abundance: The Future is Better Than You Think*. 1st ed., New York: Free Press, 2012. ISBN 14-516-1421-7.

*6 KRUG, E. G., MERCY, J. A., DAHLBERG, L. L. & ZWI, A. B. The world report on violence and health. *The Lancet*. 2002, vol. 360, no. 9339, pp. 1083–1088.

スティーブン・ピンカー『暴力の人類史』幾島幸子・塩原通緒訳、青土社、2015年

*7 MARKOFF, J. The iPad in your hand: As fast as a supercomputer of yore. In: *The New York Times: Bits* [online]. 2011, 2011-05-09 [qt. 2013-03-24]. web: http://bits.blogs.nytimes.com/ 2011/05/09/the-ipad-in-your-hand-as-fast-as-a-supercomputer-of-yore

HILBERT, M. & LÓPEZ, P. The world's technological capacity to store, communicate, and compute information. *Science*. 2011, no. 6025, pp. 60–65.

*8 VEENHOVEN, R. Erasmus University Rotterdam. *World Database of Happiness* [online]. 2012 [qt. 2013-03-24]. web: http://worlddatabaseofhappiness.eur.nl

SHIN, D. C. Does rapid economic growth improve the human lot? Some empirical evidence. *Social Indicators Research*. London: Published for the British Council and the National Book League by Longmans, Green, 1980, 8th ed., no. 2, pp. 199–221.

GALLUP. *Gallup.Com: Daily News, Polls, Public Opinion on Politics, Economy, Wellbeing, and*

World [online]. 2013, 2013-03-24 [qt. 2013-03-24]. web: http://www.gallup.com

[*9] REDELMEIER, D. A. Medical decision making in situations that offer multiple alternatives. *The Journal of the American Medical Association*. 1995, 273rd ed., no. 4, pp. 302–305.

ARIELY, D. & LEVAV, J. Sequential choice in group settings: Taking the road less traveled and less enjoyed. *Journal of Consumer Research*. 2000, 27th ed., no. 3, pp. 279–290.

IYENGAR, S. S., HUBERMAN, G. & JIANG, G. How much choice is too much?: Contributions to 401(k) retirement plans. *Pension Design and Structure: New Lessons from Behavioral Finance*. 2005.

IYENGAR, S. S. & LEPPER, M. R. Rethinking the value of choice: A cultural perspective on intrinsic motivation. *Journal of Personality and Social Psychology*. 1999, 76th ed., no. 3, pp. 349–366.

IYENGAR, S. S., WELLS, R. E. & SCHWARTZ, B. Doing better but feeling worse: Looking for the "best" job undermines satisfaction. *Psychological Science*. 2006, 17th ed., no. 2, pp. 143–150.

SCHWARTZ, B. *The Paradox of Choice: Why More Is Less*. Reissued. New York: Harper Perennial, 2005. ISBN 978-006-0005-696.

シーナ・アイエンガー『選択の科学』櫻井祐子訳、文藝春秋、2010年

[*10] IYENGAR, S. S. & LEPPER, M. R. When choice is demotivating: Can one desire too much of a good thing? *Journal of Personality and Social Psychology*. 2000, 79th ed., no. 6, pp. 995–1006.

IYENGAR, S. S., HUBERMAN, G. & JIANG, G. How much choice is too much?: Contributions to 401(k) retirement plans. *Pension Design and Structure: New Lessons from Behavioral Finance*. 2005.

バリー・シュワルツ『新装版　なぜ選ぶたびに後悔するのか ── オプション過剰時代の賢い選択術』瑞穂のりこ訳、武田ランダムハウスジャパン、2012年

シーナ・アイエンガー『選択の科学』櫻井祐子訳、文藝春秋、2010年

[*11] IYENGAR, S. S. & LEPPER, M. R. When choice is demotivating: Can one desire too much of a good thing? *Journal of Personality and Social Psychology*. 2000, 79th ed., no. 6, pp. 995–1006.

IYENGAR, S. S., HUBERMAN, G. & JIANG, G. How much choice is too much?: Contributions to 401(k) retirement plans. *Pension Design and Structure: New Lessons from Behavioral Finance*. 2005.

REDELMEIER, D. A. Medical decision making in situations that offer multiple alternatives. *The Journal of the American Medical Association*. 1995, 273rd ed., no. 4, pp. 302–305.

バリー・シュワルツ『新装版　なぜ選ぶたびに後悔するのか ── オプション過剰時代の賢い選択術』瑞穂のりこ訳、武田ランダムハウスジャパン、2012年

シーナ・アイエンガー『選択の科学』櫻井祐子訳、文藝春秋、2010年

[*12] GILBERT, D. T. & EBERT, J. E. Decisions and revisions: the affective forecasting of changeable outcomes. *Journal of Personality and Social Psychology*. 2002, 82nd ed., no. 4, pp. 503–514.

IYENGAR, S. S., WELLS, R. E. & SCHWARTZ, B. Doing better but feeling worse: Looking for the "best" job undermines satisfaction. *Psychological Science*. 2006, 17th ed., no. 2, pp. 143–150.

バリー・シュワルツ『新装版　なぜ選ぶたびに後悔するのか ── オプション過剰時代の賢い選択術』瑞穂のりこ訳、武田ランダムハウスジャパン、2012年

シーナ・アイエンガー『選択の科学』櫻井祐子訳、文藝春秋、2010年

*13 SCHWARTZ, B. *The Paradox of Choice: Why More Is Less*. Reissued. New York: Harper Perennial, 2005. ISBN 978-006-0005-696.

シーナ・アイエンガー『選択の科学』櫻井祐子訳、文藝春秋、2010年

ダン・アリエリー『予想どおりに不合理 ── 行動経済学が明かす「あなたがそれを選ぶわけ」』熊谷淳子、早川書房、2013年

*14 BERRIDGE, K. C. & KRINGELBACH, M. L. Affective neuroscience of pleasure: reward in humans and animals. *Psychopharmacology*. 2008, no. 3, pp. 457–480.

ミハイ・チクセントミハイ『フロー体験入門 ── 楽しみと創造の心理学』大森弘訳、世界思想社、2010年

ミハイ・チクセントミハイ『フロー体験 ── 喜びの現象学』今村浩明訳、世界思想社、1996年

*15 THOMSON REUTERS. *Web of Knowledge: Discovery Starts Here* [online]. 2013, 2013-03-24 [qt. 2013-03-24]. web: http://www.webofknowledge.com

*16 Where can I find the Yale study from 1953 about goal-setting? In: *University of Pennsylvania Library* [online]. 2002 [qt. 2013-03-24]. web: http://faq.library.yale.edu/recordDetail?id=7508

TABAK, L. If your goal is success, don't consult these guru. In: *Fast Company* [online]. 1996-12-31 [qt. 2013-03-24]. web: http://www.fastcompany.com/27953/if-your-goal-success-dont-consult-these-gurus

*17 WARE, C. *Information Visualization: Perception for Design*. 3rd ed., Morgan Kaufmann, 2012. ISBN 978-012-3814-647.

*18 ARIAS-CARRIÓN, O. & PÖPPEL, E. Dopamine, learning, and reward-seeking behavior. *Acta Neurobiol Exp*. 2007, 67th ed., no. 4.

BERRIDGE, K. C. & KRINGELBACH, M. L. Affective neuroscience of pleasure: reward in humans and animals. *Psychopharmacology*. 2008, no.3., pp. 457–480.

KRINGELBACH, M. L. The functional neuroanatomy of pleasure and happiness. *Discovery Medicine*. 2010, Year. 9, 49th ed., pp. 579–587.

デイヴィッド・J・リンデン『快感回路 ── なぜ気持ちいいのか　なぜやめられないのか』岩坂彰訳、河出書房新社、2014年

*19 NOVO NORDISK. *Novo Nordisk annual report 2015* [online]. web: http://www.novonordisk.com/annual-report-2015.html

*20 ARIELY, D., KAMENICA, E. & PRELEC, D. Man's search for meaning: The case of Legos. *Journal of Economic Behavior and Organization*. 2008, 67th ed., no. 3–4, pp. 671–677.

*21 ARIAS-CARRIÓN, O. & PÖPPEL, E. Dopamine, learning, and reward-seeking behavior. *Acta Neurobiol Exp*. 2007, 67th ed., no. 4.

ACHOR, S. Positive intelligence. *Harvard Business Review*. 2012, 90th ed., no. 1–2, pp. 100–102.

ASHBY, F. G., ISEN, A. M. & TURKEN, A. U. A neuropsychological theory of positive affect and its influence on cognition. *Prychological Review*. 1999, 106th ed., no. 3.

ISEN, A. M. *Psychological and Biological Approaches To Emotion*. Hillsdale, N. J.: L. Erlbaum Associates, 1990, pp. 75–94. ISBN 978-080-5801-507.

ショーン・エイカー『幸福優位７つの法則 ── 仕事も人生も充実させるハーバード式最新成功理論』高橋由希子訳、徳間書店、2011年

*22 HOWES, M. J., HOKANSON, J. E. & LOEWENSTEIN, D. A. Induction of depressive affect after prolonged exposure to a mildly depressed individual. *Journal of Personality and Social Psychology*. 1985, 49th ed., no. 4.

CHRISTAKIS, N. A. & FOWLER, J. H. Dynamic spread of happiness in a large social network: longitudinal analysis over 20 years in the Framingham Heart Study. *British Medical Journal*. 2008, no. 337.

HILL, A. L., RAND, D. G., NOWAK, M. A. & CHRISTAKIS, N. A. Emotions as infectious diseases in a large social network: the SISa model. *Proceedings of the Royal Society B: Biological Sciences*. 2010, 277th ed., no. 1701, pp. 3827–3835.

ニコラス・A・クリスタキス&ジェイムズ・H・ファウラー『つながり ── 社会的ネットワークの驚くべき力』鬼澤忍訳、講談社、2010年

*23 LEPPER, M. R., GREENE, D. & NISBETT, R. E. Undermining children's intrinsic interest with extrinsic reward: A test of the "overjustification" hypothesis. *Journal of Personality and Social Psychology*. 1973, 28th ed., no. 1, pp. 129–137.

HEYMAN, J. & ARIELY, D. Effort for payment: A tale of two markets. *Psychological Science*. 2004, 15th ed., no. 11, pp. 787–793.

ARIELY, D., GNEEZY, U., LOEWENSTEIN, G. & MAZAR, N. Large stakes and big mistakes. *Review of Economic Studies*. 2009, 76th ed., no. 2, pp. 451–469.

GLUCKSBERG, S. The influence of strength of drive on functional fixedness and perceptual recognition. *Journal of Experimental Psychology*. 1962, 63rd ed., no. 1, pp. 36–41.

ダニエル・ピンク『モチベーション3.0 ── 持続する「やる気！」をいかに引き出すか』大前研一訳、講談社、2015年

*24 LEPPER, M. R., GREENE, D. & NISBETT, R. E. Undermining children's intrinsic interest with extrinsic reward: A test of the " overjustification" hypothesis. *Journal of Personality and Social Psychology*. 1973, 28th, no. 1, pp. 129–137.

GNEEZY, U. & RUSTICHINI, A. A. Fine is a price. *The Journal of Legal Studies*. 2000, 29th ed., no. 1, pp. 1–17.

ダニエル・ピンク『モチベーション3.0 ── 持続する「やる気！」をいかに引き出すか』大前研一訳、講談社、2015年

ARIELY, D. *The Upside of Irrationality: The Unexpected Benefits of Defying Logic*. 1st ed., New

York: Harper Perennial, 2011. ISBN 978-006-1995-040.

*25 LEPPER, M. R., GREENE, D. & NISBETT, R. E. Undermining children's intrinsic interest with extrinsic reward: A test of the "overjustification" hypothesis. *Journal of Personality and Social Psychology.* 1973, 28th ed., pp. 129–137.

ダニエル・ピンク『モチベーション3.0 ── 持続する「やる気！」をいかに引き出すか』大前研一訳、講談社、2015年

*26 KEELY, L. C. Why isn't growth making us happier? Utility on the hedonic treadmill. *Journal of Economic Behavior.* 2005, 57th ed., no. 3, pp. 333–355.

LYUBOMIRSKY, S., SHELDON, K. M. & SCHKADE, D. Pursuing happiness: The architecture of sustainable change. 2005, UC Riverside.

SHELDON, K. M. & LYUBOMIRSKY, S. Achieving sustainable gains in happiness: Change your actions, not your circumstances. *Journal of Happiness Studies.* 2006, 7th ed., no. 1, pp. 55–86.

ダン・アリエリー『不合理だからうまくいく ── 行動経済学で「人を動かす」』櫻井祐子訳、早川書房、2014年

ダニエル・ピンク『モチベーション3.0 ── 持続する「やる気！」をいかに引き出すか』大前研一訳、講談社、2015年

*27 NESTLER, E. J. The neurobiology of cocaine addiction. *Science & Practice Perspectives.* 2005, 3rd ed., no. 1, pp. 4–10.

BERRIDGE, K. C. & KRINGELBACH, M. L. Affective neuroscience of pleasure: reward in humans and animals. *Psychopharmacology.* 2008, no. 3, pp. 457–480.

SUVOROV, A. Addiction to rewards. Toulouse School of Economics, 2003.

KRINGELBACH, M. L. The functional neuroanatomy of pleasure and happiness. *Discovery Medicine.* 2010, 9th ed., no. 49, pp. 579–587.

デイヴィッド・J・リンデン『快感回路 ── なぜ気持ちいいのか　なぜやめられないのか』岩坂彰訳、河出書房新社、2014年

*28 MILLER, E. K., FREEDMAN, D. J. & WALLIS, J. D. The prefrontal cortex: categories, concepts and cognition. *Philosophical Transactions of the Royal Society B: Biological Sciences.* 2002-08-29, 357th ed., no. 1424, pp. 1123–1136.

ダニエル・ギルバート『明日の幸せを科学する』熊谷淳子訳、早川書房、2013年

*29 ダニエル・ギルバート『明日の幸せを科学する』熊谷淳子訳、早川書房、2013年

*30 LÖVHEIM, H. A new three-dimensional model for emotions and monoamine neurotransmitters. *Medical Hypotheses.* 2012, 78th ed., no. 2, pp. 341–348.

SCHNEIDER, T. A., BUTRYN, T. M., FURST, D. M. & MASUCCI, M. A. A qualitative examination of risk among elite adventure racers. *Journal of Sport Behavior.* 2007, 30th ed., no. 3.

SELIGMAN, M. E. P. *Authentic Happiness: Using the New Positive Psychology to Realize Your Potential for Lasting Fulfillment.* 1st ed., New York: Free, 2002. ISBN 978-074-3222-983.

*31 KEELY, L. C. Why isn't growth making us happier? Utility on the hedonic treadmill. *Journal of*

Economic Behavior. 2005, 57th ed., no. 3, pp. 333–355.

KAHNEMAN, D. & KRUEGER, A. B. Developments in the measurement of subjective well-being. *The Journal of Economic Perspectives*, 2006, 20th ed., no. 1, pp. 3–24.

LYUBOMIRSKY, S., SHELDON, K. M. & SCHKADE, D. Pursuing happiness: The architecture of sustainable change. 2005, UC Riverside.

SCHNEIDER, T. A., BUTRYN, T. M., FURST, D. M. & MASUCCI, M. A. A qualitative examination of risk among elite adventure racers. *Journal of Sport Behavior.* 2007, 30th ed., no. 3.

ダニエル・ギルバート『明日の幸せを科学する』熊谷淳子訳、早川書房、2013年

DIENER, E., LUCAS, R. E. & SCOLLON, C. N. Beyond the hedonic treadmill: Revising the adaptation theory of well-being. In: DIENER, E. *The Science of Well-Being.* New York: Springer Netherlands, 2009, pp. 103–118. ISBN 978-90-481-2349-0.

ダン・アリエリー『不合理だからうまくいく —— 行動経済学で「人を動かす」』櫻井祐子訳、早川書房、2014年

*32 BRICKMAN, P., COATES, D. & JANOFF-BULMAN, R. Lottery winners and accident victims: is happiness relative? *Journal of Personality and Social Psychology.* 1978, 36th ed., no. 8, pp. 917–927.

KAHNEMAN, D. & KRUEGER, A. B. Developments in the measurement of subjective well-being. *The Journal of Economic Perspectives*, 2006, 20th ed., no. 1, pp. 3–24.

DI TELLA, R., HAISKEN-DE NEW, J. & MACCULLOCH, R. Happiness adaptation to income and to status in an individual panel. *Journal of Economic Behavior.* 2010, 76th ed., no. 3, pp. 834–852.

HULME, O. Comparative neurobiology: Hedonics & Happiness. University of British Columbia. 2010.

ダン・アリエリー『不合理だからうまくいく —— 行動経済学で「人を動かす」』櫻井祐子訳、早川書房、2014年

*33 BRICKMAN, P., COATES, D. & JANOFF-BULMAN, R. Lottery winners and accident victims: is happiness relative? *Journal of Personality and Social Psychology.* 1978, 36th ed., no. 8, pp. 917–927.

*34 EASTERLIN, R. A. Income and happiness: Towards a unified theory. *The Economic Journal.* 2001, 111th ed., no. 473, pp. 465–484.

DI TELLA, R., HAISKEN-DE NEW, J. & MACCULLOCH, R. Happiness adaptation to income and to status in an individual panel. *Journal of Economic Behavior.* 2010, 76th ed., no. 3, pp. 834–852.

*35 NESTLER, E. J. The neurobiology of cocaine addiction. *Science & Practice Perspectives.* 2005, 3rd ed., no. 1, pp. 4–10.

BERRIDGE, K. C. & KRINGELBACH, M. L. Affective neuroscience of pleasure: reward in humans and animals. *Psychopharmacology.* 2008, no. 3, pp. 457–480.

SUVOROV, A. Addiction to rewards. Toulouse School of Economics, 2003.

KRINGELBACH, M. L. The functional neuroanatomy of pleasure and happiness. *Discovery Medicine*. 2010, 9th ed., no. 49, pp. 579–587.

デイヴィッド・J・リンデン『快感回路 ―― なぜ気持ちいいのか　なぜやめられないのか』岩坂彰訳、河出書房新社、2014年

*36 BERRIDGE, K. C. & KRINGELBACH, M. L. Affective neuroscience of pleasure: reward in humans and animals. *Psychopharmacology*. 2008, no. 3, pp. 457–480.

SUVOROV, A. Addiction to rewards. Toulouse School of Economics, 2003.

*37 NOVO NORDISK. *Changing Diabetes* [online]. [qt. 2013-03-25]. Web: http://www.novonordisk.com/about-novo-nordisk/changing-diabetes.html

*38 YOUNG, J. A. & MICHELLE, M. The zone: Evidence of a universal phenomenon for athletes across sports. *Athletic Insight: The Online Journal of Sport Psychology*. 1999, 1st ed., no. 3, pp. 21–30.

CSÍKSZENTMIHÁLYI, M. *Optimal Experience: Psychological Studies of Flow in Consciousness*. 1st ed.. Cambridge: Cambridge University Press, 1992. ISBN 978-052-1438-094.

ミハイ・チクセントミハイ、スーザン・ジャクソン『スポーツを楽しむ ―― フロー理論からのアプローチ』今村浩明、張本文昭、川端雅人訳、世界思想社、2005年

ミハイ・チクセントミハイ『フロー体験 ―― 喜びの現象学』今村浩明訳、世界思想社、1996年

ミハイ・チクセントミハイ『楽しみの社会学』今村浩明、新思索社、2001年

ミハイ・チクセントミハイ『フロー体験入門 ―― 楽しみと創造の心理学』大森弘訳、世界思想社、2010年

ミハイ・チクセントミハイ『クリエイティヴィティ ―― フロー体験と創造性の心理学』浅川希洋志、世界思想社、2016年

*39 ミハイ・チクセントミハイ『フロー体験 ―― 喜びの現象学』今村浩明訳、世界思想社、1996年

ミハイ・チクセントミハイ『楽しみの社会学』今村浩明、新思索社、2001年

ミハイ・チクセントミハイ『フロー体験入門 ―― 楽しみと創造の心理学』大森弘訳、世界思想社、2010年

ミハイ・チクセントミハイ『クリエイティヴィティ ―― フロー体験と創造性の心理学』浅川希洋志、世界思想社、2016年

*40 エドワード・O・ウィルソン『人類はどこから来て、どこへ行くのか』斉藤隆央訳、化学同人、2013年

*41 エドワード・O・ウィルソン『人類はどこから来て、どこへ行くのか』斉藤隆央訳、化学同人、2013年

*42 エドワード・O・ウィルソン『人類はどこから来て、どこへ行くのか』斉藤隆央訳、化学同人、2013年

*43 マット・リドレー『徳の起源 ―― 他人をおもいやる遺伝子』古川奈々子訳、岸由二監訳、翔泳社、2000年

マット・リドレー『赤の女王 —— 性とヒトの進化』長谷川眞理子訳、早川書房、2014年

*44 チャールズ・ダーウィン『ダーウィン著作　人間の進化と性淘汰』長谷川眞理子訳、文一総合出版、1999年

RUSE, M. Charles Darwin and group selection. *Annals of Science*. 1980, 37th ed., no. 6, pp. 615–630.

*45 WRIGHT, R. *NonZero: The Logic of Human Destiny*. 1st ed., New York: Pantheon Books, 2000. ISBN 06-794-4252-9.

WRIGHT, R. *The Evolution of God*. 1st ed., New York: Little, Brown, 2009. ISBN 03-167-3491-8.

ジョン・フォン・ノイマン、オスカー・モルゲンシュテルン『ゲームの理論と経済行動』銀林浩、橋本和美、宮本敏雄、阿部修一訳、筑摩書房、2009年

John F. NASH, Jr. – Autobiography. *The Official Web Site of the Nobel Prize* [online]. 1995 [qt. 2013-03-25]. web: http://www.nobelprize.org/nobel_prizes/economics/laureates/1994/nash.html

*46 ジョナサン・ハイト『社会はなぜ左と右にわかれるのか —— 対立を超えるための道徳心理学』高橋洋訳、紀伊國屋書店、2014年

*47 SHIN, J. & ARIELY, D. Keeping doors open: The effect of unavailability on incentives to keep options viable. *Management Science*. 2004, 50th ed., no. 5, pp. 575–586.

バリー・シュワルツ『新装版　なぜ選ぶたびに後悔するのか —— オプション過剰時代の賢い選択術』瑞穂のりこ訳、武田ランダムハウスジャパン、2012年

シーナ・アイエンガー『選択の科学』櫻井祐子訳、文藝春秋、2010年

*48 STEEL, P. The nature of procrastination: A meta-analytic and theoretical review of quintessential self-regulatory failure. *Psychological Bulletin*. 2007, 133rd ed., no. 1, pp. 65–94.

*49 SCHOENEMANN, P. T. Evolution of the size and functional areas of the human brain. *Annual Review of Anthropology*. 2006, 35th ed., no. 1, pp. 379–406.

SEMENDEFERI, K., DAMASIO, H., FRANK, R. & VAN HOESEN, G. W. The evolution of the frontal lobes: a volumetric analysis based on three-dimensional reconstructions of magnetic resonance scans of human and ape brains. *Journal of Human Evolution*. 1997, no. 32, pp. 375–388.

BANYAS, C. A. Evolution and phylogenetic history of the frontal lobes. In: MILLER, B. L. & CUMMINGS, J. L. *The Human Frontal Lobes: Functions and Disorders*. New York: Guilford Press, 1999, pp. 83–106. Science and practice of neuropsychology series. ISBN 978-157-2303-904.

*50 ポール・D・マクリーン『三つの脳の進化　新装版』法橋登訳、工作舎、2018年

*51 ジョセフ・ルドゥー『エモーショナル・ブレイン —— 情動の脳科学』松本元、小幡邦彦、湯浅茂樹、川村光毅、石塚典生訳、東京大学出版会、2003年

LIDZ, C. S. *Early Childhood Assessment*. New York: John Wiley, 2003. ISBN 04 714 1984 2.

エリック・デュ・プレシス『ブランドと脳とパズル』澤口俊之、東方雅美訳、中央経済社、2016年

*52 MASCARÓ, J. *The Dhammapada: The Path of Perfection*. Harmondsworth: Penguin, 1973. ISBN 01-404-4284-7.
ジョナサン・ハイト『しあわせ仮説』藤澤隆史訳、新曜社、2011年
ピアーズ・スティール『ヒトはなぜ先延ばしをしてしまうのか』池村千秋訳、CCCメディアハウス、2012年

*53 BAUMEISTER, R. F., MURAVEN, M. & TICE, D. M. Ego depletion: A resource model of volition, self-regulation, and controlled processing. *Social Cognition*, 2000, 18th ed.,, no. 2, pp. 130–150.
HAGGER, M. S., WOOD, C., STIFF, C. & CHATZISARANTIS, N. L. D. Ego depletion and the strength model of self-control: A meta-analysis. *Psychological Bulletin*. 2010, 136th ed., no. 4, pp. 495–525.
BAUMEISTER, R. F., BRATSLAVSKY, E., MURAVEN, M. & TICE, D. M. Ego depletion: Is the active self a limited resource? *Journal of Personality and Social Psychology*. 1998, 74th ed., no. 5, pp. 1252–1265.
BAUMEISTER, R. F. Ego depletion and self-regulation failure: A resource model of self-control. *Alcoholism: Clinical*. 2003, 27th ed., no. 2, pp. 281–284.
BAUMEISTER, R. F. *Handbook of Self-Regulation: Research, Theory, and Applications*. New York: Guilford Press, 2007. ISBN 978-159-3854-751.
ピアーズ・スティール『ヒトはなぜ先延ばしをしてしまうのか』池村千秋訳、CCCメディアハウス、2012年

*54 GAILLIOT, M. T., BAUMEISTER, R. F., DEWALL, C. N., MANER, J. K., PLANT, E. A., TICE, D. M., BREWER, L. E. & SCHMEICHEL, B. J. Self-control relies on glucose as a limited energy source: Willpower is more than a metaphor. *Journal of Personality and Social Psychology*. 2007, 92nd ed., no. 2, pp. 325–336.
FAIRCLOUGH, S. H. & HOUSTON, K. A metabolic measure of mental effort. *Biological Psychology*, 2004, 66th ed., no. 2, pp. 177–190.

*55 BAUMEISTER, R. F., BRATSLAVSKY, E., MURAVEN, M. & TICE, D. M. Ego depletion: Is the active self a limited resource? *Journal of Personality and Social Psychology*. 1998, 74th ed., no. 5, pp. 1252–1265.
BAUMEISTER, R. F. Ego depletion and self-regulation failure: A resource model of self-control. *Alcoholism: Clinical*. 2003, 27th ed., no. 2, pp. 281–284.
TICE, D. M., BAUMEISTER, R. F., SHMUELI, D. & MURAVEN, M. Restoring the self: Positive affect helps improve self-regulation following ego depletion. *Journal of Experimental Social Psychology*. 2007, 43rd ed., no. 3, pp. 379–384.
BAUMEISTER, R. F. *Handbook of Self-Regulation: Research, Theory, and Applications*. New York: Guilford Press, 2007. ISBN 978-159-3854-751.

*56 BARTON, J. & PRETTY, J., *What is the best dose of nature and green exercise for improving mental* *health? A multi-study analysis.* Environmental science & technology, 44th Ed., pp. 3947-3955.

*57 HAGGER, M. S., WOOD, C., STIFF, C. & CHATZISARANTIS, N. L. D. Ego depletion and the strength model of self-control: A meta-analysis. *Psychological Bulletin*. 2010, 136th ed., no. 4, pp. 495–525.

BAUMEISTER, R. F., BRATSLAVSKY, E., MURAVEN, M. & TICE, D. M. Ego depletion: Is the active self a limited resource? *Journal of Personality and Social Psychology*. 1998, 74th ed., no. 5, pp. 1252–1265.

MEAD, N. L., BAUMEISTER, R. F., GINO, F., SCHWEITZER, M. E. & ARIELY, D. Too tired to tell the truth: Self-control resource depletion and dishonesty. *Journal of Experimental Social Psychology*. 2009, 45th ed., no. 3, pp. 594–597.

ロイ・バウマイスター、ジョン・ティアニー『WILLPOWER ── 意志力の科学』渡会圭子、インターシフト、2013年

BAUMEISTER, R. F. *Handbook of Self-Regulation: Research, Theory, and Applications*. New York: Guilford Press, 2007. ISBN 978-159-3854-751.

*58 LALLY, P., VAN JAARSVELD, C. H. M., POTTS, H. W. W. & WARDLE, J. How are habits formed: Modelling habit formation in the real world. *European Journal of Social Psychology*. 2010, 40th ed., no. 6, pp. 998–1009.

*59 MAURER, R. & HIRSCHMAN, L. A. *The Spirit of Kaizen: Creating Lasting Excellence One Small Step at a Time*. New York: McGraw-Hill, 2013. ISBN 00-717-9617-7.

今井正明『カイゼン ── 日本企業が国際競争で成功した経営ノウハウ』講談社、1991年

*60 IYENGAR, S. S. & LEPPER, M. R. When choice is demotivating: Can one desire too much of a good thing? *Journal of Personality and Social Psychology*. 2000, 79th ed., no. 6, pp. 995–1006.

SCHWARTZ, B., WARD, A., MONTEROSSO, J., LYUBOMIRSKY, S., WHITE, K. & LEHMAN, D. R. Maximizing versus satisficing: Happiness is a matter of choice. *Journal of Personality and Social Psychology*. 2002, 83rd, no. 5, pp. 1178–1197.

BROCAS, I. & CARRILLO, J. D. *The Psychology of Economic Decisions*. 2nd ed., New York: Oxford University Press, 2003-2004. ISBN 0-19-925108-8.

バリー・シュワルツ『新装版　なぜ選ぶたびに後悔するのか ── オプション過剰時代の賢い選択術』瑞穂のりこ訳、武田ランダムハウスジャパン、2012年

シーナ・アイエンガー『選択の科学』櫻井祐子訳、文藝春秋、2010年

*61 IYENGAR, S. S., HUBERMAN, G. & JIANG, G. How much choice is too much?: Contributions to 401(k) retirement plans. *Pension Design and Structure: New Lessons from Behavioral Finance*. 2005.

*62 REDELMEIER, D. A. Medical decision making in situations that offer multiple alternatives. *The Journal of the American Medical Association*. 1995, 273rd ed., no. 4, pp. 302–305.

*63 GILBERT, D. T. & EBERT, J. E. Decisions and revisions: the affective forecasting of changeable outcomes. *Journal of Personality and Social Psychology*. 2002, 82nd ed., no. 4, pp. 503–514.

IYENGAR, S. S., WELLS, R. E. & SCHWARTZ, B. Doing better but feeling worse: Looking for the "best" job undermines satisfaction. *Psychological Science*. 2006, 17th ed., no. 2, pp. 143–150.
バリー・シュワルツ『新装版　なぜ選ぶたびに後悔するのか ── オプション過剰時代の賢い選択術』瑞穂のりこ訳、武田ランダムハウスジャパン、2012年
シーナ・アイエンガー『選択の科学』櫻井祐子訳、文藝春秋、2010年

*64 GILBERT, D. T. & EBERT, J. E. Decisions and revisions: the affective forecasting of changeable outcomes. *Journal of Personality and Social Psychology*. 2002, 82nd ed., no. 4, pp. 503–514.

*65 MILLER, G. A. The magical number seven, plus or minus two: some limits on our capacity for processing information. *Psychological Review*. 1956, 63rd ed., no. 2, pp. 81–97.
HALFORD, G. S., a kol. How many variables can humans process? *Psychological Science*, 2005, 16th ed., no. 1, pp. 70–76.

*66 HANEY, C., BANKS, W. C. & ZIMBARDO, P. G. Study of prisoners and guards in a simulated prison. *Naval Research Reviews*, 1973, no. 9, pp. 1–17.
ZIMBARDO, P. G., MASLACH, C. & HANEY, C. Reflections on the Stanford Prison Experiment: Genesis, transformations, consequences. In: BLASS, T. (Ed.), *Obedience to Authority: Current Perspectives on the Milgram Paradigm,* 2000, pp. 193–237.
HANEY, C., a kol. Interpersonal dynamics in a simulated prison. *International Journal of Criminology and Penology,* 1973, no. 1, pp. 69–97.
ZIMBARDO, P. G. *The Stanford Prison Experiment* [online]. 1999, 2013 [qt. 2013-03-25]. Web: http://www.prisonexp.org
フィリップ・ジンバルドー『ルシファー・エフェクト ── ふつうの人が悪魔に変わるとき』鬼澤忍、中山宥訳、海と月社、2015年

*67 フィリップ・ジンバルドー『ルシファー・エフェクト ── ふつうの人が悪魔に変わるとき』鬼澤忍、中山宥訳、海と月社、2015年
ZIMBARDO, P. G. Power turns good soldiers into "bad apples". *The Boston Globe* [online]. 2004-05-09 [qt. 2013-03-25]. Web: http://www.boston.com/news/globe/editorial_opinion/oped/articles/2004/05/09/power_turns_good_soldiers_into_bad_apples
ZIMBARDO, P. G. & O'BRIEN, S. Researcher: It's not bad apples, it's the barrel. *CNN.com* [online]. 2004-05-21 [qt. 2013-03-25]. Web: http://articles.cnn.com/2004-05-21/us/zimbarbo.access_1_iraqi-prison-abu-ghraib-prison-sexual-humiliation
ZAGORIN, A. Shell-shocked at Abu Ghraib? *TIME Magazine* [online]. 2007-05-18 [qt. 2013-03-25]. Web: http://www.time.com/time/nation/article/0,8599,1622881,00.html

*68 ZIMBARDO, P. G. A situationist perspective on the psychology of evil: Understanding how good people are transformed into perpetrators. In: MILLER, A. G. (Ed.). *The Social Psychology of Good and Evil.* New York: Guilford Press, 2005, pp. 21–50. ISBN 978-159-3851-941.
フィリップ・ジンバルドー『ルシファー・エフェクト ── ふつうの人が悪魔に変わるとき』鬼澤忍、中山宥訳、海と月社、2015年

*69 フィリップ・ジンバルドー『ルシファー・エフェクト —— ふつうの人が悪魔に変わるとき』鬼澤
忍、中山宥訳、海と月社、2015年
ZIMBARDO, P. G. & FRANCO, Z. Celebrating heroism. *The Lucifer Effect* [online]. 2006, 2013
[qt. 2013-03-25]. Web: http://www.lucifereffect.com/heroism.htm
*70 BROWN, M. Comfort zone: Model or metaphor? *Australian Journal of Outdoor Education*. 2008,
12th ed., no. 1, pp. 3–12.
BERRIDGE, K. C. & KRINGELBACH, M. L. Affective neuroscience of pleasure: reward in
humans and animals. *Psychopharmacology*. 2008, no. 3, pp. 457–480.
PANICUCC, J., PROUTY, D. & COLLINSON, R. *Adventure Education: Theory and Applications*.
Champaign, IL: Human Kinetics, 2007. ISBN 978-073-6061-797.
ミハイ・チクセントミハイ『フロー体験入門 —— 楽しみと創造の心理学』大森弘訳、世界思
想社、2010年
ミハイ・チクセントミハイ『フロー体験 —— 喜びの現象学』今村浩明訳、世界思想社、1996年
*71 新渡戸稲造『武士道』矢内原忠雄、岩波書店、1938年
*72 KEELY, L.C. Why isn't growth making us happier? Utility on the hedonic treadmill. *Journal of
Economic Behavior*. 2005, 57th ed., no. 3, pp. 333–355.
LYUBOMIRSKY, S., SHELDON, K. M. & SCHKADE, D. Pursuing happiness: The architecture of
sustainable change. 2005, UC Riverside.
SHELDON, K. M. & LYUBOMIRSKY, S. Achieving sustainable gains in happiness: Change your
actions, not your circumstances. *Journal of Happiness Studies*. 2006, 7th ed., no. 1, pp. 55–86.
ダニエル・ピンク『モチベーション3.0 —— 持続する「やる気!」をいかに引き出すか』大前研
一訳、講談社、2015年
*73 MARCHAND, W. R., et al. Neurobiology of mood disorders. *Hospital Physician*, 2005, 41st ed.,
no. 9, pp. 17.
*74 AMANO, T., DUVARCI, S., POPA, D. & PARE, D. The fear circuit revisited: Contributions of the
basal amygdala nuclei to conditioned fear. *Journal of Neuroscience*. 2011, 31st ed., no. 43,
pp. 15481–15489.
ピーター・H・ディアマンディス『楽観主義者の未来予測』熊谷玲実、早川書房、2014年
SHERMER, M. *The Believing Brain: From Ghosts and Gods to Politics and Conspiracies – How We
Construct Beliefs and Reinforce Them As Truths*. St. Martin's Griffin, 2012.
ISBN 978-125-0008-800.
*75 AMANO, T., DUVARCI, S., POPA, D. & PARE, D. The fear circuit revisited: Contributions of the
basal amygdala nuclei to conditioned fear. *Journal of Neuroscience*. 2011-10-26, 31st ed., no. 43,
pp. 15481–15489.
ピーター・H・ディアマンディス『楽観主義者の未来予測』熊谷玲実、早川書房、2014年
*76 ピーター・H・ディアマンディス『楽観主義者の未来予測』熊谷玲実、早川書房、2014年
SHERMER, M. *The Believing Brain: From Ghosts and Gods to Politics and Conspiracies – How We*

Construct Beliefs and Reinforce Them As Truths. St. Martin's Griffin, 2012. ISBN 978-125-0008-800.

*77 SWEENEY, P. D., ANDERSON, K. & BAILEY, S. Attributional style in depression: A meta-analytic review. *Journal of Personality and Social Psychology*. 1986, 50th ed., no. 5, pp. 974–991.
クリストファー・ピーターソン、スティーブン・F・マイヤー、マーティン・セリグマン『学習性無力感 ── パーソナル・コントロールの時代をひらく理論』津田彰訳、二瓶社、2000年
マーティン・セリグマン『オプティミストはなぜ成功するのか』山村宜子訳、パンローリング、2013年

*78 HAUB, C. How Many People Have Ever Lived on Earth? *Population Reference Bureau* [online]. 1995, 2002 [qt. 2013-03-25]. Web: http://www.prb.org/Articles/2002/HowManyPeopleHaveEverLivedonEarth.aspx

*79 SELIGMAN, M. E. P. Learned helplessness. *Annual Review of Medicine*. 1972, 23rd ed., no. 1, pp. 407–412.
SELIGMAN, M. E., ROSELLINI, R. A. & KOZAK, M. J. Learned helplessness in the rat: Time course, immunization, and reversibility. *Journal of Comparative and Physiological Psychology*, 1975, 88th ed., no. 2, pp. 542–547.
マーティン・セリグマン『うつ病の行動学 ── 学習性絶望感とは何か』平井久訳、木村駿監訳、誠信書房、1985年
クリストファー・ピーターソン、スティーブン・F・マイヤー、マーティン・セリグマン『学習性無力感 ── パーソナル・コントロールの時代をひらく理論』津田彰訳、二瓶社、2000年
マーティン・セリグマン『オプティミストはなぜ成功するのか』山村宜子訳、パンローリング、2013年

*80 SELIGMAN, M. E., ROSELLINI, R. A. & KOZAK, M. J. Learned helplessness in the rat: Time course, immunization, and reversibility. *Journal of Comparative and Physiological Psychology*, 1975, 88th ed., no. 2, pp. 542–547.

*81 フィリップ・ジンバルドー、ジョン・ボイド『迷いの晴れる時間』栗木さつき訳、ポプラ社、2009年

*82 ZIMBARDO, P. G. & BOYD, J. N. Putting time in perspective: A valid, reliable individual-differences metric. *Journal of Personality and Social Psychology*. 1999, 77th ed., no. 6, pp. 1271–1288.
HARBER, K., ZIMBARDO, P. G. a BOYD, J. N. Participant self-selection biases as a function of individual differences in time perspective. *Basic and Applied Social Psychology*. 2003, 25th ed., no. 3, pp. 255–264.
フィリップ・ジンバルドー、ジョン・ボイド『迷いの晴れる時間』栗木さつき訳、ポプラ社、2009年

*83 ヴィクトール・E・フランクル『夜と霧　新版』池田香代子訳、みすず書房、2002年

*84 BROWN, M. Comfort zone: Model or metaphor? *Australian Journal of Outdoor Education*. 2008,

12th ed., no. 1, pp. 3–12.

PANICUCC, J., PROUTY, D. & COLLINSON, R. *Adventure Education: Theory and Applications*. Champaign, IL: Human Kinetics, 2007. ISBN 978-073-6061-797.

*85 TEDESCHI, R. G. & CALHOUN, L. G. Target article: Posttraumatic growth. *Psychological Inquiry*. 2004, 15th ed., no. 1, pp. 1–18.

マーティン・セリグマン『ポジティブ心理学の挑戦 —— "幸福"から"持続的幸福"へ』宇野カオリ訳、ディスカヴァー・トゥエンティワン、2014年

*86 ランディ・パウシュ、ジェフリー・ザスロー『最後の授業 —— ぼくの命があるうちに』矢羽野薫訳、SBクリエイティブ、2013年

*87 SELIGMAN, M. E. P., STEEN, T. A., PARK, N. & PETERSON, C. Positive psychology progress: Empirical validation of interventions. *American Psychologist*. 2005, 60th ed., no. 5, pp. 410–421.

U.S. ARMY. *Comprehensive Soldier & Family Fitness: Building Resilience & Enhancing Performance* [online]. 2013, [qt. 2013-03-25]. Web: http://www.acsim.army.mil/readyarmy/ra_csf.htm

マーティン・セリグマン『ポジティブ心理学の挑戦 —— "幸福"から"持続的幸福"へ』宇野カオリ訳、ディスカヴァー・トゥエンティワン、2014年

*88 SELIGMAN, M. E. P., STEEN, T. A., PARK, N. & PETERSON, C. Positive psychology progress: Empirical validation of interventions. *American Psychologist*. 2005, 60th ed., no. 5, pp. 410–421.

マーティン・セリグマン『ポジティブ心理学の挑戦 —— "幸福"から"持続的幸福"へ』宇野カオリ訳、ディスカヴァー・トゥエンティワン、2014年

*89 KAHNEMAN, D. & KRUEGER, A. B. Developments in the measurement of subjective well-being. *Journal of Economic Perspectives*. 2006, 20th ed., no. 1, pp. 3–24.

SCHWARZ, N. & STRACK, F. Reports of subjective well-being: Judgmental processes and their methodological implications. *Well-being: The foundations of hedonic psychology*, 1999, pp. 61–84.

SCHWARZ, N. & CLORE, G. L. Mood, misattribution, and judgments of well-being: Informative and directive functions of affective states. *Journal of Personality & Social Psychology*. 1983, 45th ed., no. 3, pp. 513–523.

BOWER, G. H. Mood and memory. *American Psychologist*. 1981, 36th ed., no. 2, pp. 129–148.

WATKINS, P. C., VACHE, K., VERNEY, S. P. & MATHEWS, A. Unconscious mood-congruent memory bias in depression. *Journal of Abnormal Psychology*. 1996, 105th ed., no. 1, pp. 34–41.

ダニエル・ギルバート『明日の幸せを科学する』熊谷淳子訳、早川書房、2013年

*90 FUOCO, M. A. Trial and error: They had larceny in their hearts, but little in their heads, *Pittsburgh Post-Gazette*, 1996-05-21.

KRUGER, J. & DUNNING, D. Unskilled and unaware of it: how difficulties in recognizing one's own incompetence lead to inflated self-assessments. *Psychology*, 2009, no. 1, pp. 30–46.

*91 P.N.ジョンソン・レアード『メンタルモデル —— 言語・推論・意識の認知科学』AIUEO訳、海保博之監訳、産業図書、1988年
PRINCETON UNIVERSITY. *Mental Models & Reasoning* [online]. [qt. 2013-03-25]. Web: http://mentalmodels.princeton.edu

*92 KRUGER, J. & DUNNING, D. Unskilled and unaware of it: How difficulties in recognizing one's own incompetence lead to inflated self-assessments. *Psychology*, 2009, no. 1, pp. 30–46.

*93 HARRIS, S., SHETH, S. A. & COHEN, M. S. Functional neuroimaging of belief, disbelief, and uncertainty. *Annals of Neurology*. 2008, 63rd ed., no. 2, pp. 141–147.

*94 VUILLEUMIER, P. Anosognosia: The neurology of beliefs and uncertainties. *Cortex*. 2004, 40th ed., no. 1, pp. 9–17.
VALLAR, G. & RONCHI, R. Anosognosia for motor and sensory deficits after unilateral brain damage: A review. *Restorative Neurology and Neuroscience*, 2006, 24th ed., no. 4, pp. 247–257.
ジョージ・P・プリガターノ、ダニエル・L・シャクター『脳損傷後の欠損についての意識性 —— 臨床的・理論的論点』天草万里訳、医歯薬出版、1996年

*95 The anatomical basis of anosognosia – backgrounder. *Treatment Advocacy Center* [online]. 2012 [qt. 2013-03-25]. Web: http://www.treatmentadvocacycenter.org/about-us/our-reports-and-studies/2143

*96 CRITCHLEY, M. Modes of reaction to central blindness. *Proceedings of the Australian Association of Neurologists*, 1968, 5th ed., no. 2, pp. 211.
ジョージ・P・プリガターノ、ダニエル・L・シャクター『脳損傷後の欠損についての意識性 —— 臨床的・理論的論点』天草万里訳、医歯薬出版、1996年

*97 KRUGER, J. & DUNNING, D. Unskilled and unaware of it: How difficulties in recognizing one's own incompetence lead to inflated self-assessments. *Psychology*, 2009, no. 1, pp. 30–46.

*98 ダン・アリエリー『不合理だからうまくいく —— 行動経済学で「人を動かす」』櫻井祐子訳、早川書房、2014年
ダン・アリエリー『予想どおりに不合理 —— 行動経済学が明かす「あなたがそれを選ぶわけ」』熊谷淳子、早川書房、2013年

*99 WHITSON, J. A. & GALINSKY, A. D. Lacking control increases illusory pattern perception. *Science*. 2008, 322nd ed., no. 5898, pp. 115–117.
MUSCH, J. & EHRENBERG, K. Probability misjudgment, cognitive ability, and belief in the paranormal. *British Journal of Psychology*. 2002, 93rd ed., no. 2, pp. 169–177.
BRUGGER, P., LANDIS, T. & REGARD, M. A "sheep-goat effect" in repetition avoidance: Extrasensory perception as an effect of subjective probability? *British Journal of Psychology*. 1990, 81st ed., no. 4, pp. 455–468.
SHERMER, M. *The Believing Brain: From Ghosts and Gods to Politics and Conspiracies – How We Construct Beliefs and Reinforce Them As Truth*s. St. Martin's Griffin, 2012. ISBN 978-125-0008-800.

*100 BBC. 1978: Mass suicide leaves 900 dead. *BBC.com* [online]. 1978-11-18 [qt. 2013-03-25]. Web: http://news.bbc.co.uk/onthisday/hi/dates/stories/november/18/newsid_2540000/2540209.stm

WESSINGER, C. *How the Millennium Comes Violently: From Jonestown to Heaven's Gate*. New York: Seven Bridges Press, 2000. ISBN 18-891-1924-5.

客観性
・真実に近づく
・ダニング＝クルーガー効果と客観性の低下を防ぐ
・外界の動き方に関する自分のメンタル・モデルを試す

善
・利他的な協力
・集団のニーズと合致する形で、
自分の潜在的可能性を実現する

「ヒロイズム」
・自分のコンフォート・ゾーンから踏み出す
・群れを離れて独行する
・行動を始める勇気

良い人生とは、愛によって触発され、
知識によって導かれるものだ

　　　　　　——バートランド・ラッセル

著者　ピーター・ルドウィグ　Petr Ludwig

チェコ出身。科学コミュニケーター、起業家。ブルノ工科大学情報学部、マサリク大学法学部卒業。事故による瀕死状態から九死に一生を得た経験により、悔いのない人生を送るために「先延ばし」に関する研究を友人と始め、大学在学中にLifeWeb社（現・GrowJOB社）を設立。脳神経科学と行動経済学に基づいたメソッドで「フォーチュン500」企業のコンサルタントもつとめている。

訳者　斉藤裕一　Yuichi Saito

ニューヨーク大学大学院修了（ジャーナリズム専攻）。主な訳書に『マッキンゼー式最強の成長戦略』（エクスナレッジ）、『最新　ハーバード流3D交渉術』『「評判」はマネジメントせよ 企業の浮沈を左右するレピュテーション戦略』『脳のフィットネス完全マニュアル』『頭と仕事をシンプルにする思考整理50のアイディア』（以上、ＣＣＣメディアハウス）などがある。

先延ばし克服完全メソッド
2018年7月8日　初版発行

著　者　　ピーター・ルドウィグ
訳　者　　斉藤裕一
発行者　　小林圭太
発行所　　株式会社ＣＣＣメディアハウス
　　　　　〒141-8205東京都品川区上大崎3丁目1番1号
電　話　　販売 03-5436-5721　　編集 03-5436-5735
http://books.cccmh.co.jp

印刷・製本　慶昌堂印刷株式会社

©Yuichi Saito, 2018 Printed in Japan ISBN978-4-484-18110-3
落丁・乱丁本はお取替えいたします。